ASSOCIATION NATIONALE FRANÇAISE
POUR LA
PROTECTION LÉGALE DES TRAVAILLEURS

QUATRIÈME SÉRIE

LE CONTRAT DE TRAVAIL

Examen du Projet de loi du Gouvernement sur le Contrat individuel et la Convention collective

RAPPORTS

DE

M. PERREAU
Professeur à la Faculté de Droit de Paris

DE

M. FAGNOT
Enquêteur au Ministère du Travail

Compte rendu des Discussions — Vœux adoptés

PARIS

FÉLIX ALCAN
— 108 —
BOULEVARD SAINT-GERMAIN

Librairie de la Société du Recueil J.-B. Sirey
et du Journal du Palais
Ancᵉˢ Mᵒⁿ L. Larose et Forcel
22, RUE SOUFFLOT, PARIS, Vᵉ
L. LAROSE & L. TENIN, Directᵒⁿ

1907

COMITÉ DIRECTEUR DE L'ASSOCIATION

Paul CAUWÈS, professeur à la Faculté de Droit de l'Université de
Paris, président honoraire de l'Association.

A. MILLERAND, député, ancien ministre du Commerce, président.

Ed. BRIAT, secrétaire général du Syndicat des ouvriers en instruments de précision, membre du Conseil supérieur du travail et
de la Commission supérieure du travail dans l'industrie, vice-
président.

A. LIÉBAUT, ingénieur, membre du Comité consultatif des arts
et manufactures et de la Commission supérieure du travail dans
l'industrie, vice-président.

Raoul JAY, professeur à la Faculté de Droit de l'Université de
Paris, membre du Conseil supérieur du travail, secrétaire
général.

Léon de SEILHAC, publiciste, délégué permanent du service
industriel et ouvrier du *Musée social*, trésorier.

Georges ALFASSA, ingénieur civil, E. C. P.

Louis BARTHOU, député.

Adéodat BOISSARD, professeur à la Faculté libre de Droit de Lille.

François FAGNOT, enquêteur à l'*Office du travail*.

Arthur FONTAINE, directeur du Travail au Ministère du Travail
et de la Prévoyance sociale.

Arthur GROUSSIER, député.

Auguste KEUFER, délégué permanent de la Fédération française
du Livre.

Abbé LEMIRE, député.

André LICHTENBERGER, directeur-adjoint du *Musée social*.

Henri LORIN, ancien élève de l'École Polytechnique, membre du
Comité de perfectionnement du Collège libre des Sciences sociales.

Etienne MARTIN-SAINT-LÉON, bibliothécaire du *Musée social*.

Comte A. de MUN, député.

C. PERREAU, ancien député, professeur à la Faculté de Droit
de Paris.

Eug. PETIT, docteur en Droit, ancien chef du cabinet du Ministre
du Commerce.

Paul PIC, professeur à la Faculté de Droit de l'Université de Lyon.

Ivan STROHL, industriel.

Edouard VAILLANT, député.

Richard WADDINGTON, sénateur.

SIÈGE SOCIAL : 3, rue Las-Cases, PARIS

ASSOCIATION NATIONALE FRANÇAISE
POUR LA
PROTECTION LÉGALE DES TRAVAILLEURS
QUATRIÈME SÉRIE

LE CONTRAT DE TRAVAIL

Examen du Projet de loi du Gouvernement sur le Contrat individuel et la Convention collective

RAPPORTS

DE
M. PERREAU
Professeur à la Faculté de Droit de Paris

DE
M. FAGNOT
Enquêteur au Ministère du Travail

Compte rendu des Discussions — Vœux adoptés

PARIS

FÉLIX ALCAN
--- 108 ---
BOULEVARD SAINT-GERMAIN

Librairie de la Société du Recueil J.-B. Sirey
et du Journal du Palais
Anc M^{on} L. Larose et Forcel
22, RUE SOUFFLOT, PARIS, V^e
L. LAROSE & L. TENIN, Direct^{rs}

1907

LE
CONTRAT DE TRAVAIL

Séance du 18 janvier 1907

Présidence de M. Millerand

M. le Président. — Messieurs, nous commençons aujourd'hui — car nous ne le finirons certainement pas — le débat que nous avons jugé important d'instituer en ce moment sur la question du contrat de travail, question qui emprunte au projet déposé par le gouvernement un intérêt particulier.

Nous avons pensé qu'il était utile de désigner, pour l'exposé et l'étude préalable de cette grave question, deux rapporteurs : l'un, chargé plus spécialement de l'exposé social, M. Fagnot ; l'autre, chargé de l'exposé juridique, M. Perreau. La Société d'Etudes législatives a élaboré sur cette question un projet dont beaucoup de dispositions ont été empruntées par le gouvernement et transportées par lui dans le projet qu'il a déposé sur le bureau de la Chambre. M. Perreau a été, devant la Société d'Etudes législatives, le rapporteur de la partie de ce projet relative à la formation du contrat, et de la dernière partie relative à la rupture du contrat. Il était donc tout particulièrement qualifié pour nous entretenir, au point de vue juridique, de cette question, et je le remercie d'avoir bien voulu s'en charger.

M. Perreau. — Messieurs, le Comité de notre Association m'a confié l'honneur de vous présenter un rapport verbal sur la question du contrat de travail. Je ne me dissimule aucunement les difficultés d'un semblable mandat ; je m'efforcerai cependant de le remplir en vous exposant, sinon avec toute l'ampleur et tous les développements que comporterait la nature du sujet, du moins aussi complètement que le permettra le temps dont nous disposons, les aspects juridiques des problèmes que soulève l'intervention du législateur dans les rapports contractuels des employeurs et des employés.

Ainsi que vous le faisait observer à l'instant M. le Président, un de nos collègues du Comité, M. Fagnot, se chargera, dans un rapport ultérieur, de compléter cet exposé, en vous indiquant toute l'importance économique des questions auxquelles il a trait.

On a bien des fois signalé, depuis une trentaine d'années surtout, l'insuffisance des dispositions qui, dans notre législation, régissent le contrat de travail.

A diverses reprises, dans ses ouvrages comme dans ses communications à l'Académie des Sciences morales et politiques, le regretté doyen de la Faculté de Droit, M. Glasson, est revenu sur cette idée que l'ouvrier avait été presque complètement oublié au Code civil, que ce Code était la législation du capital, mais que ce n'était le Code ni du travail, ni du travailleur.

Le fait est qu'on ne peut trouver au Code civil que deux dispositions se référant aux rapports contractuels des employeurs et des employés ; encore, une de ces dispositions, l'article 1781, a-t-elle dû être abrogée en 1868, parce qu'elle consacrait, en matière de preuve, une inégalité choquante et injuste entre les deux parties.

Tout récemment, lors de l'élaboration par la Commission de codification des lois ouvrières d'un Code du travail et de la prévoyance sociale, mon excellent collègue et ami M. Raoul Jay soulignait, dans son rapport sur le Livre Ier, consacré aux « Conventions relatives au travail », les multiples lacunes de notre droit industriel. « Du mode de paiement des salaires », aucune loi votée ; « du règlement des malfaçons », aucune loi votée ; aucune loi votée non plus, ni relativement aux règlements d'atelier, ni pour les conventions collectives, ni pour la participation aux bénéfices. Ce procès-verbal de carence est dressé à chaque page du nouveau Code.

A quoi donc convient-il d'attribuer le laconisme du législateur en matière de contrat de travail, laconisme d'autant plus surprenant qu'on trouve dans nos lois, et particulièrement dans notre Code civil, tant de dispositions relatives à des contrats de bien moindre importance ?

On a proposé de ce fait bien des explications. Le législateur de 1804, a-t-on dit, pouvait craindre de voir renaître, à la suite d'une réglementation du contrat de travail, tout le régime économique des corporations que la Constituante venait d'abolir. Il ne faut pas, d'autre part, oublier, et M. Paulet le faisait observer très justement lors d'une récente discussion devant l'Assemblée de la Société d'Études législatives, qu'il existait à l'époque du Consulat toute une législation de police industrielle, toute une législation réglementaire. Cette législation, contenue dans la loi du 22 germinal an XI et dans l'arrêté du 9 frimaire an XII, suffisait, sur un grand nombre de points, à préciser les rapports contractuels des deux parties ; et c'est son abrogation survenue en 1890 qui a fait apparaître d'une façon plus saisissante les lacunes de notre législation civile en matière de contrat de travail.

D'autres explications peuvent encore être proposées ; notamment l'absence de concentration industrielle et le faible développement de la grande industrie à l'époque de la rédaction du Code civil, ou la survivance, à titre d'usages industriels et commerciaux, d'un certain nombre de règles autrefois édictées par les statuts et règlements corporatifs.

Tout cela permet de comprendre que, jusqu'au commencement du vingtième siècle, le législateur ait pu, sans être pour autant animé d'aucun esprit d'hostilité, ni même d'indifférence, à l'égard de la classe ouvrière, méconnaître la nécessité de dispositions spécialement applicables aux rapports contractuels des employeurs et des employés.

Mais la question se pose aujourd'hui, et l'heure semble venue de légiférer sur cette matière. De nouvelles formes de contracter se vulgarisent, — je fais allusion au contrat collectif, — dont il faut consacrer l'existence légale et la validité, dont il convient également de déterminer les effets et de préciser les sanctions. Le pouvoir de l'employeur dans l'usine tend à se transformer et à revêtir une sorte de caractère constitutionnel. La fréquence des conflits entre le capital et le travail, le développement pris par les associations professionnelles, d'autres causes encore, ont pour résultat de rendre de plus en plus complexes et enchevêtrés les rapports qui naissent du contrat de travail. De telle sorte qu'il semble que l'on ne puisse plus aujourd'hui pour régler ces rapports, se contenter comme on l'a fait précédemment d'une jurisprudence flottante, hésitante, incertaine, toujours ballottée entre le respect de solutions traditionnelles et le pressentiment de solutions nouvelles rendues nécessaires par les transformations mêmes survenues dans l'industrie.

Déjà, dans un certain nombre de pays, le contrat de travail a fait l'objet de dispositions législatives nombreuses et importantes. En Belgique, une loi spéciale, qui remonte à 1900, lui est consacrée. Le nouveau Code civil allemand le réglemente, dans une vingtaine de ses articles. En Suisse, le projet de Code civil, actuellement soumis aux délibérations de l'Assemblée fédérale, contient tout un titre consacré au louage de services.

Dans notre pays, c'est à l'initiative privée que revient l'honneur d'avoir, en cette matière, tracé la voie au législateur. Dès le mois de janvier 1904, une association de jurisconsultes, la « Société d'Etudes législatives », mettait à l'ordre du jour de ses délibérations la question du contrat de travail et instituait une Commission spéciale en vue d'en préparer l'étude et la discussion ultérieure. Cette Commisssion, dont notre savant président honoraire, M. Cauwès, dirigeait les travaux, rédigea un avant-projet qui eut la bonne fortune d'être repris, dans son texte presque intégral, par le gouvernement, et de devenir, avec cependant quelques additions et quelques variantes, le projet de loi déposé au mois de juillet 1906, et renvoyé par la Chambre à l'examen de sa Commission du travail.

Je m'inspirerai, dans mon exposé, des dispositions de ce double projet. Elles seront, en quelque sorte, les jalons qui marqueront la voie que je dois parcourir, et, s'il m'arrive de relever entre les vues du gouvernement et celles de la Société d'Etudes législatives quelques divergences profondes et importantes, ce sera pour moi l'occasion d'appeler plus particulièrement votre attention sur certaines des difficultés que soulève la réglementation légale du contrat de travail.

Je m'occuperai successivement de la formation de ce contrat. de ses effets, de sa rupture. Puis, j'étudierai les dispositions relatives au règlement d'atelier et au contrat collectif.

I

Et d'abord, que faut-il entendre exactement par contrat de travail? Question primordiale, puisque de sa solution dépendra la portée d'application des textes nouveaux.

A cette question, les deux projets ont fait une réponse identique : il y a contrat de travail toutes les fois que l'on rencontre, d'une part, une prestation de travail, d'autre part, l'obligation de payer un salaire. Peu importe la nature du travail, physique ou intellectuel, industriel, commercial, agricole ou même rentrant dans le cadre des travaux qui font l'objet des professions dite libérales, S'il y a convention tendant à obtenir, d'une part, la prestation de travail, d'autre part, le paiement d'un salaire, il y a contrat de travail.

Il n'y a pas à se préoccuper non plus des conditions de paiement du salaire, ni des conditions d'exécution du travail quant au lieu. Il y aura contrat de travail aussi bien si le salaire est payé d'après les résultats du travail, à la tâche ou aux pièces, que s'il est payé d'après la durée du travail, à la journée, à l'heure ; aussi bien si le travail est accompli au domicile de l'ouvrier que s'il est accompli dans l'usine, dans l'atelier de l'employeur. Dans tous ces cas, quelle que soit la nature du travail, quel que soit son mode d'exécution, le mode de paiement du salaire, il y aura contrat de travail parce que, dans tous les cas, les obligations nées à la charge des deux parties auront le même objet : une prestation de travail, d'un côté ; le paiement d'un salaire, de l'autre.

Cette conception très large du contrat de travail est particulièrement intéressante à signaler, parce qu'elle rompt d'une façon complète avec la terminologie du Code civil, avec la distinction traditionnelle, et qui remonte jusqu'au droit romain, du louage de services et du louage d'ouvrage. Dans la définition du contrat de travail, telle que la formule l'article premier de nos deux projets, rentrera, non seulement le louage de services, mais, dans la plupart des cas, le louage d'ouvrage. Et je crois que, malgré sa hardiesse, cette innovation doit être approuvée, car elle a sur la terminologie ancienne l'avantage de soumettre à des règles juridiques identiques des situations économiques qui sont sensiblement les mêmes, celles, par exemple, de deux ouvriers qui, dans le même établissement industriel, travaillent l'un à la journée, l'autre aux pièces. Entre ces deux catégories d'employés, comme d'autre part entre l'ouvrier qui travaille à l'usine et le travailleur à domicile, il existe une ressemblance essentielle : c'est que l'un et l'autre sont des salariés ; c'est que l'un et l'autre comptent pour vivre sur une rémunération qui ne dépend pas des bénéfices commerciaux, mais de la convention conclue à forfait avec l'employeur. Et cette ressemblance suffit pour que le contrat qui les lie à l'employeur soit dans tous les cas un contrat de même nature, un contrat de travail.

Cela ne veut pas dire, d'ailleurs, que, pour déterminer le mode d'exécution des obligations naissant du contrat et l'étendue des responsabilités qui en découlent, il n'y ait pas lieu de tenir compte des situations spéciales, et de distinguer, par exemple, entre le cas où le salaire est payé à la journée et le cas où il est payé à la tâche ; mais l'existence de certaines règles exclusivement applicables à telle ou telle variété de convention, à telle ou telle hypothèse particulière, n'empêche pas toutes ces conventions de rentrer dans la catégorie générale du contrat de travail, et toutes ces hypothèses de tomber sous l'application du texte que nous avons analysé. De même que les règles du Code civil particulières aux baux à loyer des maisons, ou aux baux à ferme des immeubles ruraux, n'empêchent pas le bail à loyer et le bail à ferme de rentrer dans la catégorie contractuelle plus large du louage de choses.

Après avoir déterminé la nature et l'objet précis du contrat de travail, il importe de distinguer ce contrat d'un autre contrat avec lequel on le confond quelquefois, et que les jurisconsultes désignent de différents noms : entreprise, devis et marchés, louage d'industrie ou marché d'ouvrage. Les deux projets ont trouvé le critérium de la distinction à établir dans cette circonstance que l'offre de travail peut être faite, soit à un ou plusieurs employeurs déterminés, soit au public. Dans le premier cas, il y a contrat de travail, soumis aux dispositions de la loi nouvelle. Dans la seconde hypothèse, lorsque l'offre de travail s'adresse au public, la convention pourra être un contrat d'entreprise ou un contrat de quelque autre nature : ce ne sera pas un contrat de travail. En d'autres termes, pour qu'il y ait contrat de travail, il faut qu'il existe entre les parties, sinon un rapport de dépendance et d'autorité, tout au moins une certaine continuité de rapports, d'où résulte que l'un est au service de l'autre.

Dans la plupart des cas, il sera facile, avec ce critérium, de distinguer le contrat de travail du contrat d'entreprise ; même dans l'hypothèse de l'ouvrier à domicile, il suffira de rechercher si le travail fourni est un travail

accidentel, dont l'exécution ne suppose antérieurement
et ne laisse subsister pour l'avenir aucun rapport contractuel entre les parties, ou si au contraire ce travail fait
partie d'un ensemble, s'il doit avoir une suite, s'il implique
des rapports continus, fréquents, entre l'ouvrier et telle
personne déterminée, qui remplit à son égard la fonction
d'employeur. Sans doute il pourra se présenter certaines
hypothèses où la nature du contrat paraîtra plus douteuse,
s'il s'agit, par exemple, d'un tâcheron produisant d'ordinaire pour un fabricant, pour un grand magasin, mais
sans s'interdire de vendre à la clientèle, au public, lorsqu'il en trouve l'occasion. En pareil cas, on pourra
distinguer deux contrats, un contrat de travail dans les
rapports de l'ouvrier avec l'employeur habituel, et un
contrat d'entreprise dans ses rapports avec le public.
Mais si l'on met à part un petit nombre de situations
complexes où la sagacité des juges pourra trouver encore
à s'exercer, il semble que le critérium proposé permette
de distinguer facilement le contrat de travail des autres
contrats avec lesquels on pourrait être tenté de le confondre.

A la formation du contrat de travail se rattachent les
questions de preuve et de validité.

En ce qui concerne la preuve, nous trouvons dans les
deux projets une disposition identique tendant à l'admission de la preuve par témoins, en matière de contrat de
travail, sans-limite de quotité. C'est une dérogation au
droit commun des contrats, qui n'admet la preuve testimoniale, à défaut de commencement de preuve par écrit,
que jusqu'à concurrence de la valeur de 150 francs. Mais
cette dérogation se justifie si l'on songe qu'il n'est
presque jamais dressé d'écrit pour constater les conditions
du contrat de travail. Si, dans certaines hypothèses, par

exemple lorsqu'il s'agit d'un contrat d'engagement théâtral, ou de la convention passée entre une grande société et son directeur, l'admission sans restrictions de la preuve par témoins paraissait présenter quelques inconvénients, à cause du chiffre élevé des salaires, honoraires ou appointements convenus, il suffirait d'observer qu'actuellement déjà, dans ces hypothèses mêmes, la preuve testimoniale est la plupart du temps admissible, à raison de l'existence d'un commencement de preuve par écrit résultant, soit de la correspondance échangée, soit des mentions qui figurent sur les registres de la société. Cette constatation permet, semble-t-il, d'écarter la seule objection grave que puisse soulever l'admission de la preuve par témoins en matière de contrat de travail.

En ce qui concerne la validité du contrat, les deux projets contiennent une disposition particulièrement intéressante, et dont l'interprétation soulève d'assez grandes difficultés. C'est une disposition empruntée au droit allemand. Elle reconnaît aux tribunaux le droit d'annuler le contrat de travail lorsqu'il résulte de ses clauses que l'une des parties a abusé du besoin, de la légèreté ou de l'inexpérience de l'autre pour lui imposer des conditions préjudiciables, par exemple une durée de travail excessive ou un salaire de famine.

Quelle sera la nature de la nullité encourue dans cette hypothèse ? Nullité relative pour vice du consentement, par extension au contrat de travail des règles consacrées par le Code civil pour d'autres contrats entachés de lésion ? Ou nullité absolue, comme en droit allemand, résultant de ce que la lésion abusive imprimerait au contrat un caractère d'immoralité ? Je me borne à poser la question, qui ne semble pas avoir préoccupé les rédacteurs de l'un et l'autre projets; quel que soit, d'ailleurs, le caractère, absolu ou relatif, de la nullité encourue, il n'est pas douteux que la partie victime de la lésion abusive pourra agir contre l'autre partie en dommages-intérêts.

Sur le principe, il ne semble pas qu'il puisse s'élever de bien vives contestations. On pourrait songer à le faire rentrer dans le droit commun des contrats et à en étendre l'application aux conventions les plus diverses ; mais, s'il est un contrat pour lequel on comprenne que le législateur consacre une semblable disposition protectrice, c'est bien le contrat de travail, à raison même de la différence de situation économique qui subsiste encore assez souvent entre les parties. J'aborde ici un point que je sais infiniment délicat. On a pu contester, en se fondant sur le développement de l'action syndicale et de la protection légale des travailleurs, l'inégalité de situation économique des parties en présence dans le contrat de travail. On a même pu soutenir que ces causes avaient eu parfois pour résultat de renverser l'inégalité, au profit de l'ouvrier. Il me semble cependant que le caractère autoritaire du règlement d'atelier dans la grande industrie et les abus du sweating-system pour le travail à domicile démontrent nettement que, dans bien des cas encore, l'ouvrier resta, au point de vue contractuel, dans une situation d'infériorité par rapport au patron. C'est précisément pourquoi nos deux projets lui reconnaissent, lorsqu'il est victime d'une exploitation abusive, le droit de faire annuler le contrat et de réclamer la réparation du préjudice subi. Le même droit pourrait, d'ailleurs, être exercé par l'employeur lui-même le cas échéant, si par exemple les employés, le sachant lié par des contrats à courte échéance passés avec des tiers, profitaient de cette situation pour lui imposer des conditions abusives de salaire ou de durée du travail.

Si le principe nouveau semble pouvoir se justifier aisément, son application n'en soulève pas moins des difficultés considérables. Il suffit, pour s'en convaincre, de comparer dans leur rédaction les dispositions correspondantes des deux projets. Dans le projet de la Société d'Etudes législatives, il faut pour que le contrat entaché de lésion soit considéré comme illicite, non seulement qu'il y ait abus, c'est-à-dire que les conditions réputées préjudiciables ne puissent se justifier par l'état de l'industrie ou par la médiocrité de l'ouvrier, mais en outre que l'abus se révèle par un désaccord flagrant entre les conditions incriminées et les conditions habituelles des autres contrats de même nature dans la profession et la région. Si ce désaccord n'est pas constaté, la lésion n'est pas réputée abusive. Il est à présumer en effet que la clause préjudiciable, usitée d'une manière courante dans la profession et la région, trouve sa raison d'être dans certaines circonstances industrielles ou locales, telles que l'âpreté de la concurrence, et la situation précaire de telle ou telle catégorie d'établissements. L'arbitraire du juge se trouve limité d'une façon assez stricte, puisqu'il n'aura qu'à vérifier la conformité ou la non-conformité des clauses suspectes aux clauses des contrats ordinairement pratiqués.

Le projet officiel reproduit la disposition que je viens d'analyser, mais il la complète en s'inspirant d'un principe consacré par le Code civil allemand. L'abus pourra résulter, non seulement de la non-conformité du contrat aux contrats habituels de la profession et de la région, mais du désaccord existant entre les conditions convenues et la valeur ou l'importance des services engagés. Le juge aura le droit et le devoir d'apprécier dans chaque espèce qui lui sera soumise s'il y a équilibre suffisant entre les valeurs des prestations échangées. Il aura à rechércher, dans chaque cas, si le salaire promis est adéquat au service rendu.

Indépendamment des difficultés que présentera sans doute, au point de vue de la preuve, l'excercice par le juge d'un semblable pouvoir d'appréciation, la solution consacrée par le projet officiel soulève une objection très grave. Elle aboutit à cette conséquence que le contrat de travail pourra être annulé pour cause de lésion abusive, résultant de l'inégalité des valeurs échangées, alors même que les clauses de ce contrat seraient conformes aux clauses habituelles des contrats de même nature passés dans la profession et dans la région. On fait ainsi du juge, — à tort selon moi, — une sorte de réformateur social chargé moins d'interpréter la loi et la convention des parties que de redresser les abus pouvant résulter de l'organisation industrielle. On lui confère le pouvoir de jeter le trouble, par une solution d'espèce peut-être intempestive ou imprudente, dans toute une branche de la production nationale. Je me demande si le désir très louable d'assurer d'une manière particulièrement effi-cace le caractère équitable des rapports naissant du con-trat de travail est, pour une disposition dont l'appli-cation peut entraîner de telles conséquences, une justifi-cation suffisante, et si la Commission de la Société d'Etudes législatives n'avait pas été mieux inspirée en limitant par son texte le pouvoir d'appréciation reconnu au juge en cas de lésion abusive.

II

En ce qui concerne les effets du contrat de travail, je me bornerai, vu l'heure avancée, à vous citer l'objet des principales dispositions contenues dans les deux projets. Elles ont trait aux obligations des parties, à la rémunération du travail, à ses conditions.

Le projet de la Société d'Études législatives contient toute une réglementation relative au mode et au lieu de paiement du salaire, aux divers cas de retenues et de compensations dont il peut être l'objet, à la vérification des résultats du travail lorsque le salaire est fixé aux pièces, à la capacité requise pour pouvoir le toucher personnellement, s'il s'agit d'un mineur. Il impose à l'employeur l'obligation d'assurer à ses frais les premiers soins médicaux en cas de blessure ou de maladie survenue à l'employé. Il règle encore les difficiles questions des amendes disciplinaires et des malfaçons, et pose le principe de leur non-cumul. Et si les auteurs de ce projet n'ont pas cru pouvoir interdire complètement l'usage de l'amende, comme sanction disciplinaire, ils ont du moins décidé, à l'imitation de certaines législations étrangères, que jamais l'amende disciplinaire ne pourrait bénéficier à l'employeur, et qu'elle devrait être intégralement employée, sous une forme quelconque, dans l'intérêt de l'employé.

Sur ces différents points, le projet officiel est sensiblement moins complet. Son silence s'explique sans doute par un renvoi aux dispositions de lois existantes, telles que la loi du 12 janvier 1895 sur l'insaisissabilité du salaire, et par le fait que diverses propositions, relatives notamment à la question des économats et à la question des amendes, sont depuis fort longtemps soumises au Parlement. Il semble cependant que l'objet de ces propositions rentrerait tout naturellement dans le cadre d'un projet de loi relatif au contrat de travail, et que l'étude de ce projet serait une occasion favorable de remettre sur le métier législatif des dispositions déjà votées, mais dont l'expérience a déjà pu révéler les lacunes et les imperfections.

Pour en terminer avec les effets du contrat de travail, je signale une intéressante disposition, commune aux deux projets, et relative à la participation aux bénéfices. Elle tend à assurer le contrôle de l'employé sur le calcul de la part de bénéfices à laquelle il a droit, en obligeant l'employeur à mettre à sa disposition, ou à la disposition de son représentant, les données permettant ce contrôle. Je crois que cette disposition doit être approuvée. Elle n'est pas de nature sans doute à rendre plus fréquente la participation aux bénéfices, dont le développement rencontre déjà tant d'obstacles. Du moins a-t-elle l'avantage de lui donner un caractère vraiment contractuel que, sans elle, la participation ne présenterait pas.

III

J'en arrive à l'étude des dispositions qui concernent la rupture du contrat de travail. Cette matière soulève un certain nombre de questions importantes: tout d'abord celle du délai-congé.

Actuellement, chacune des parties peut, en vertu de l'article 1780 du Code civil, rompre le contrat par un acte unilatéral de volonté, sans autre obligation, en principe du moins, que celle d'observer un certain délai fixé par les usages et qu'on appelle « délai-congé ». Dans les professions où les usages établis n'imposent aucun délai de prévenance, l'employeur a même la faculté de congédier immédiatement l'employé, comme celui-ci la faculté de quitter immédiatement le travail, laissant l'autre partie dans l'embarras.

Les deux projets posent le principe de l'obligation du

délai-congé. Le contrat de travail ne pourra jamais, — sauf pendant une période d'essai très courte, — être rompu par la volonté unilatérale de l'une des parties sans que l'autre ait été prévenue une semaine à l'avance, s'il s'agit d'un domestique ou d'un ouvrier, un mois à l'avance, s'il s'agit d'un employé, ou, d'après le projet officiel, d'un ouvrier assimilé à un employé.

L'obligation du délai-congé est sanctionnée par la responsabilité pécuniaire de l'auteur de la rupture. En cas d'inobservation de ce délai par l'une des parties, celle-ci peut être condamnée à payer à l'autre des dommages-intérêts forfaitaires, arbitrés par la loi elle-même, sans qu'il y ait à faire la preuve d'aucun préjudice, au montant des salaires qui auraient dû être payés pendant la durée du délai-congé. Ces diverses solutions paraissent raisonnables, et ne sont pas, je crois, de nature à soulever de bien grandes difficultés.

Une autre disposition fort importante est relative au cas de rupture abusive du contrat de travail. Je fais allusion à la célèbre controverse juridique que soulève l'interprétation de l'article 1780 du Code civil, complété par la loi du 27 décembre 1890. Il résulte de ce texte que la rupture du contrat de travail par la volonté unilatérale de l'une des parties, de l'employeur par exemple, peut, alors même qu'elle serait conforme aux usages et que le délai-congé aurait été observé, exposer son auteur à des dommages-intérêts, s'il résulte des circonstances qu'elle présente un caractère abusif. Il en serait ainsi, par exemple, au cas où l'ouvrier serait congédié à une époque où il lui serait impossible de retrouver du travail, ou si, pour l'embaucher, l'employeur qui le congédie sans motifs plausibles lui avait fait quitter un précédent emploi. Bien d'autres hypothèses peuvent être prévues, auxquelles la jurisprudence a déjà eu l'occasion d'appliquer notré article.

Sur le principe du droit à indemnité en cas de congé abusif, il n'y a pas de doute; mais les difficultés apparaissent à propos de la preuve. A qui appartient-il de prouver le caractère abusif du congé pouvant justifier l'attribution de dommages-intérêts? Le fardeau de la preuve incombe-t-il à l'employé, qui allègue l'abus à l'appui de sa demande en réparation ? Ou bien, est-ce à l'employeur poursuivi d'établir, pour se soustraire à toute responsabilité, qu'il avait de justes motifs de congédier l'employé ?

On conçoit tout l'intérêt pratique de la controverse. La jurisprudence la résout le plus ordinairement comme elle le faisait déjà antérieurement à la loi de 1890, en conformité des principes généraux du droit, c'est-à-dire qu'elle met la preuve à la charge de l'employé, demandeur. Il peut résulter de cette jurisprudence, malgré son mérite juridique, une situation parfois fort difficile et même injuste pour l'employé, au cas, assez rare en pratique d'ailleurs, où l'autre partie, se renfermant dans le rôle purement expectant que lui permet sa qualité de défenderesse, ne croirait devoir fournir aucune explication sur les motifs du congé, et se bornerait à invoquer la faculté de résiliation unilatérale qui lui est reconnue par l'article 1780 lui-même.

Les deux projets consacrent une solution plus équitable en conférant au juge le droit de rechercher les motifs de la rupture, et en imposant au défendeur, comme au demandeur lui-même, sous la sanction de la perte du procès, l'obligation de s'expliquer sur ce point. C'est assurément une dérogation importante aux principes actuellement admis en matière de preuve, et dont l'application exigerait peut-être, au point de vue de la procédure, certains développements que l'on ne trouve pas au texte. Mais, envisagée en considération du but poursuivi, cette solution n'en semble pas moins très rationnelle, et se justifie aisément.

J'aborde maintenant une autre question, plus difficile peut-être et plus importante encore, à raison des répercussions que peut entraîner sa solution ; je veux parler de la nature juridique de la grève.

Peut-on rattacher la grève à la rupture du contrat de travail ? Dans une première opinion, qui peut invoquer l'autorité d'arrêts assez récents, la grève constituerait la rupture collective, par le fait des grévistes, des contrats individuels de travail par eux conclus. Il en serait de même de la grève patronale ou « lock-out », de la fermeture de l'usine par l'employeur ou par une coalition d'employeurs. Dans l'un et l'autre cas, la cessation brusque et simultanée du travail impliquerait, de la part de celle des parties qui en aurait pris l'initiative, sinon l'intention, du moins le fait de rompre les contrats individuels antérieurement conclus.

On est obligé de reconnaître que cette interprétation de la grève au point de vue juridique vient naturellement à l'esprit. Elle a suscité cependant des contradictions redoutables. On fait observer qu'il ne saurait y avoir rupture du contrat de travail à moins d'une intention de rompre clairement manifestée par un des contractants. Assimiler la grève à la rupture du contrat de travail, c'est en réalité lui faire application du droit de résiliation unilatérale consacré par l'article 1780 du Code civil. Or, il est très douteux que le fait par les grévistes de cesser collectivement le travail, ou par la coalition des employeurs de fermer simultanément les usines, puisse être considéré, dans la plupart des cas, comme

impliquant de leur part l'intention de rompre les contrats individuels de travail conclus antérieurement à la
grève ou au lock-out. Les grévistes n'ont pas renoncé à
travailler dans l'usine. S'ils décident la grève, c'est même
avec l'espoir de hâter le succès de leurs revendications
et de reprendre en masse le travail. De même, les patrons
qui, pour éviter le danger d'une grève échelonnée, se
sont décidés à proclamer le « lock-out » n'ont pas pour
autant renoncé à reprendre leur personnel, une fois le
conflit terminé.

On ne peut même pas dire qu'à ce moment ce ne sera
plus le contrat de travail primitif, mais un contrat
nouveau, transformé par un changement survenu dans
ses conditions, qui sera appliqué, car il peut très bien se
faire et il arrivera souvent que la grève ait un motif qui
ne touche en rien au contrat de travail, par exemple le
désir d'obtenir le renvoi d'un contremaître ou la reprise
d'un ouvrier congédié. Ce sera bien, en pareil cas, le
même contrat de travail qui continuera à s'appliquer
après comme avant, et la grève n'aura pu, à aucun
moment, être interprétée dans le sens d'une rupture
volontaire, intentionnelle, de ce contrat.

Cette argumentation est assurément très forte. Si l'on
envisage l'intention des parties comme l'élément essentiel, déterminant, de la rupture, il semble bien, en effet,
qu'il y ait des cas où la grève ne puisse être considérée
comme équivalant à rupture volontaire du contrat par le
fait des grévistes. Je fais allusion au cas où les grévistes
auront pris des mesures conservatoires; si, par exemple,
ils délèguent quelques-uns d'entre eux pour assurer
l'entretien des hauts-fourneaux ou le service des
pompes d'épuisement dans les galeries souterraines. Ce
fait même indique l'intention de reprendre le travail,
une fois la grève triomphante, et exclut la pensée

d'une rupture intentionnelle des contrats individuels de travail.

A l'inverse, la volonté de rompre apparaîtra nettement dans certaines hypothèses, lorsque, par exemple, les grévistes auront fait des démarches pour trouver ailleurs du travail, ou lorsque l'employeur, après avoir fermé l'usine, aura fait appel à une main-d'œuvre nouvelle.

Il pourra se faire encore, et il arrivera le plus souvent, que la grève n'ait pas le même caractère pour tous ceux qui y prennent part. Elle vaudra rupture du contrat pour certains meneurs, qui auront quitté l'employeur sans esprit de retour; mais elle n'impliquera pas intention de rompre pour la masse des grévistes, qui se sont associés. à la grève par esprit de solidarité, parfois même sous l'empire d'une contrainte morale provoquée par des faits d'intimidation.

Il n'est pas impossible enfin que la grève change de caractère, pour la même personne, au cours de sa durée. Tel gréviste, au début de la grève, aura l'intention de reprendre le travail, qui, pour peu que la grève se prolonge, se décidera peut-être à chercher ailleurs une occupation. Avec ses intentions primitives, le caractère juridique de la grève aura changé pour lui.

S'il en est ainsi, ne paraît-il pas contraire à la vérité juridique d'interpréter la grève, au point de vue doctrinal, comme constituant dans tous les cas, soit une rupture du contrat de travail, soit une simple suspension de l'exécution de ce contrat ? Et ne vaudrait-il pas mieux reconnaître que la question de la nature juridique de la grève ne comporte pas de solution absolue ?

Si cette question ne présentait, au surplus, qu'un intérêt d'ordre purement doctrinal, les longs développements que je viens de lui consacrer pourraient, à bon droit, paraître superflus; mais elle touche à des intérêts d'ordre essentiellement pratique, et qui devaient attirer sur elle l'attention du législateur.

Il s'agit, en effet, de savoir : d'une part, si, en cas de grève déclarée par les employés, l'employeur peut exiger l'observation du délai-congé, et, en cas d'inobservation, demander des dommages-intérêts; d'autre part, s'il peut, sans observer lui-même le délai-congé, remplacer immédiatement les grévistes.

La solution différera suivant que l'on envisagera la grève comme constituant ou non la rupture des contrats individuels de travail conclus par les grévistes.

Si la grève vaut rupture, elle implique du même coup l'obligation d'observer le délai-congé, à peine de dommages-intérêts ; et, d'autre part, — ce qui, pour l'employeur, est particulièrement important, — elle permet à celui-ci de remplacer immédiatement les grévistes et de s'assurer la main-d'œuvre qui vient de lui faire brusquement défaut.

Ces solutions ne seront pas admises, au contraire, si la grève n'implique pas rupture du contrat de travail; à moins toutefois, — et je me borne à poser la question sans la discuter, — qu'on ne considère la cessation collective et brusque du travail, non précédée d'un délai de préavis, comme constituant au profit de l'employeur une cause légitime de rupture dont il peut se prévaloir, et qui le dispense d'observer lui-même le délai-congé. C'est là, au surplus, un point qui paraît de nature à soulever une controverse.

Quoi qu'il en soit, le projet du gouvernement prend nettement parti sur le caractère juridique de la grève. L'article 56 décide que, sauf manifestation contraire de l'intention de l'une des parties, la grève vaudra, non rupture, mais simple suspension du contrat de travail. D'où résulte, bien que le texte du projet ne l'indique pas fort mellement : d'une part, qu'en cas de grève l'employeur ne pourra pas demander de dommages-intérêts aux grévistes pour inobservation du délai-congé ; d'autre part, qu'il ne pourra pas les remplacer immédiatement, puisque le contrat de travail est réputé maintenu.

Pour des motifs d'intérêt général sur lesquels je n'ai pas besoin d'insister, et qui d'ailleurs me paraissent tout à fait déterminants, le texte admet cependant la solution contraire en cas de grève survenant dans un service public ou dans une entreprise de l'Etat dont le fonctionnement ne saurait être interrompu sans compromettre les intérêts de la défense nationale. En pareil cas, la grève vaudra rupture, par le fait des grévistes, des contrats individuels de travail par eux conclus.

En dehors de cette hypothèse, l'employeur reste désarmé vis-à-vis des grévistes auxquels non seulement il ne pourra demander de dommages-intérêts pour brusque rupture, mais qu'il n'aura même pas le droit de remplacer pour assurer le fonctionnement de son établissement et l'exécution de ses marchés. C'est là une solution qui peut paraître peu équitable et peu conforme à l'intérêt général.

L'article 56, dans son 2ᵉ alinéa, lui apporte, il est vrai, un correctif en décidant que la grève changera de caractère au cas de refus par l'une des parties de recourir à la procédure de conciliation ou à l'arbitrage. Cette circonstance aura pour résultat de transformer la grève en rupture du contrat de travail du fait de celle des parties qui refusera de se concilier. L'intention des auteurs du projet est assurément très louable ; elle tend à favoriser la solution amiable des conflits industriels. Mais on ne voit pas bien comment, logiquement, le refus par les grévistes de recourir aux bons offices du juge de paix ou d'un arbitre pourrait avoir pour conséquence de changer le caractère juridique de la grève. Ce refus n'implique nullement, en effet, que les intentions primitives des grévistes se sont modifiées, et qu'ils ont renoncé à rentrer dans l'usine lorsque la grève aura pris fin ; il signifie simplement qu'ils désirent voir la grève suivre son cours et se dénouer d'elle-même par la lassitude d'un des adversaires. La solution proposée aboutirait en somme à donner à la loi de 1892 sur la conciliation une sanction nouvelle, une sanction pécuniaire sous forme de dommages-intérêts prononcés contre celle des parties au contrat de travail qui refuserait de se concilier. Ce serait, d'autre part, un moyen indirect de rendre obligatoire l'arbitrage industriel. Je ne méconnais pas du tout la valeur des raisons que l'on peut invoquer en faveur d'un système d'arbitrage obligatoire, mais je pense que ce n'est pas accessoirement à un texte relatif au contrat de travail et sous une forme aussi peu apparente que peut s'introduire dans nos lois le principe d'une semblable institution.

Il est intéressant de noter que, sur cette question de la grève, le projet de la Société d'Études législatives a pris le contrepied de la disposition que nous venons d'analyser. Il décide, en effet, qu'en cas de grève, le délai-congé devra être observé, ce qui revient à dire que la grève vaut rupture du contrat de travail. Toutefois, cette présomption comporte la preuve contraire, et les tribunaux auront à apprécier dans chaque cas si l'adhésion de telle ou telle personne à la grève ne peut pas s'interpréter autrement que par l'intention de rompre le contrat. S'il s'agit, par exemple, d'un gréviste qui n'a eu d'autre mobile, en cessant le travail, que la volonté de faire acte de solidarité ouvrière, les juges auront la faculté d'attribuer à son adhésion le caractère, conforme à la vérité des faits, d'une simple suspension de l'exécution du contrat.

Le projet de la Société d'Etudes législatives contient, relativement à la grève, une autre disposition particulièrement importante. Elle prévoit, sous une rédaction qui manque un peu de clarté, la nécessité de réglementer l'exercice du droit de grève, et de faire de la grève un état organisé. Il semble, en effet, que, tant que la grève restera ce qu'elle est trop souvent aujourd'hui, un état inorganique, un mouvement irréfléchi, inspiré par la colère et parfois violent dans ses manifestations, aucun texte de loi ne pourra obtenir des grévistes l'observation d'un délai de prévenance. Si on veut que la grève puisse rentrer effectivement dans le cadre de notre législation contractuelle, il faut que, sous une forme dont il n'appartenait pas aux auteurs d'un projet sur le contrat de travail de se préoccuper, le législateur réglemente, par des dispositions spéciales, l'exercice du droit de grève.

IV

Indépendamment des dispositions relatives à la formation du contrat de travail, à ses effets et à sa rupture, le projet officiel contient un grand nombre de textes ayant trait à des institutions qui se rattachent au contrat de travail par un lien très étroit. Je veux parler du règlement d'atelier et des conventions collectives relatives aux conditions du travail.

Le règlement d'atelier, bien que destiné principalement à contenir des dispositions de police intérieure et d'ordre disciplinaire, renferme parfois aussi des dispositions relatives à l'exécution du travail, au mode de paiement des salaires, au délai-congé, aux malfaçons et à leur règlement, en un mot, aux effets du contrat de travail. Il était donc naturel de s'en occuper à l'occasion de ce contrat.

Les dispositions du projet officiel relatives au règlement d'atelier s'inspirent dans une large mesure d'une loi belge du 15 juin 1896. Elles ont principalement pour but de donner un caractère véritablement contractuel à celles des prescriptions du règlement d'atelier qui ont un lien évident avec le contrat de travail.

Actuellement, en effet, non seulement le règlement d'atelier dû à l'initiative exclusive de l'employeur s'impose à l'adhésion des employés sans que ceux-ci aient pu en discuter la teneur, mais cette adhésion même est purement tacite. Elle résulte du simple fait par l'employé de travailler sans protestation à l'usine. Il pourrait arriver que l'employé ignorât le règlement qui le lie, ou du moins ne le connût que très imparfaitement, car non seulement il ne lui est pas, d'ordinaire, individuellement communiqué, mais rien, dans l'état actuel de notre législation, n'oblige même l'employeur à donner au règlement une publicité effective, en le faisant afficher par exemple. De telle sorte qu'en France, aujourd'hui encore, le règlement d'atelier, pour celles mêmes de ses dispositions qui n'ont pas un caractère purement disciplinaire, n'a que l'apparence d'un contrat.

Le projet de loi remédie à cet état de choses. Il précise les indications que le règlement devra obligatoirement contenir, et prescrit son affichage. De plus, il décide qu'avant sa mise en vigueur, il devra être soumis à l'appréciation des employés qui pourront, soit directement, soit par des intermédiaires officiels au cas où ils ne se soucieraient pas d'être connus personnellement, présenter leurs observations.

C'est là certainement une des innovations les plus intéressantes du projet. Elle consacre au profit des

employés une sorte de droit de remontrance, une faculté
d'appel du patron malavisé au patron mieux avisé. Celui-ci
conserve le droit de n'en pas tenir compte ; il peut,
malgré les observations que provoque son projet de
règlement, persister dans ses intentions premières ;
toutefois, le règlement, modifié ou non après la consultation des employés, n'entrera pas encore en vigueur. Un
certain délai, huit jours au moins, est réservé aux
employés pour leur permettre de se soustraire à son
application en usant du droit de congé. Grâce à ces prescriptions, l'adhésion réelle des employés aux dispositions
du règlement n'est plus douteuse, et celui-ci revêt, par
suite, un caractère effectivement contractuel.

J'ajoute qu'il subsiste, entre les dispositions du projet
et celles de la plupart des législations étrangères dont il
s'inspire relativement au règlement d'atelier, un certain
nombre de différences. Ainsi, le projet n'a pas cru devoir,
et sans doute avec raison, soumettre au visa de l'autorité
administrative ou judiciaire les dispositions du règlement
d'atelier, ni imposer l'obligation de son existence aux
établissements industriels occupant un certain nombre
d'ouvriers.

Avec le règlement d'atelier, même lorsque, par suite de
la consultation des ouvriers il implique leur adhésion effective bien que tacite, les conditions du contrat restent
déterminées par l'initiative exclusive de l'employeur.
Avec le contrat collectif, au contraire, ces conditions sont
le résultat d'une discussion, d'un débat préalable entre
les deux parties ou leurs représentants. Les clauses du
contrat de travail, au lieu d'être débattues individuellement entre l'employeur et l'employé, comme cela a lieu
dans la petite industrie, ou d'être imposées par le patron
à l'adhésion tacite de l'ouvrier, sous forme de règlement

d'atelier, sont fixées d'un commun accord et préalablement à la conclusion de tout contrat individuel de travail, entre la collectivité ouvrière, le syndicat, et l'employeur ou la collectivité des employeurs. On ne saurait, semble-t-il, contester le caractère contractuel des conditions de salaire et de durée du travail ainsi déterminées.

Le contrat collectif a un lien évident avec le contrat de travail ; mais il n'est pas en lui-même un contrat de travail, puisqu'en vertu de ses dispositions aucun employé n'est tenu de travailler, ni aucun employeur de payer un salaire. Son véritable objet est de déterminer, sous une forme contractuelle, collectivement et par avance, les conditions auxquelles devront se conformer employeurs et employés, lorsqu'ils auront à conclure ultérieurement des contrats individuels de travail.

Ces conventions collectives relatives aux conditions du travail sont très répandues dans certains pays. En Angleterre, dans les industries métallurgiques et minières, leur fonctionnement est facilité par l'existence de comités mixtes permanents, comprenant un nombre égal de délégués des ouvriers et de délégués des patrons.

Des tarifs de salaires et des durées uniformes de travail sont établis d'un commun accord, et les conventions collectives ainsi conclues servent de types, de bases, aux contrats individuels de travail dans la profession et dans la région.

Le contrat collectif a également pris de l'extension au Danemark, dans les États de l'Australasie, aux États-Unis. En France, sans être inconnu, il reste encore aujourd'hui d'une pratique assez rare, mais qui semble avoir tendance à se généraliser. Dans la plupart des cas où on le rencontre actuellement, il a été conclu par l'intermédiaire et sur l'initiative d'un arbitre, à la suite d'une grève et en vue d'en prévenir le retour.

Je n'insisterai pas, ceci devant faire l'objet d'un autre exposé, sur les avantages économiques que présenterait, au point de vue de la pacification des rapports entre employés et employeurs, la vulgarisation d'un semblable régime. Je me bornerai à constater, en me plaçant au point de vue purement juridique, que la validité du contrat collectif ne fait plus doute aujourd'hui. Un certain nombre d'arrêts la consacrent formellement, en proclamant que le droit de conclure de semblables conventions résulte naturellement, pour les syndicats, de la nature même de la mission que leur a confiée le législateur du 21 mars 1884, et du but qu'il leur a assigné.

Quant à la nature juridique du contrat collectif, une controverse importante s'élève dans la doctrine. Certains jurisconsultes voudraient rattacher le contrat collectif à la notion du mandat, d'autres à la notion de stipulation pour autrui, et lui appliquer, quant à ses effets et à ses sanctions, les mêmes règles qui s'appliquent actuellement à ces institutions.

A vrai dire, aucune des théories juridiques actuellement consacrées ne me paraît s'adapter d'une façon satisfaisante au contrat collectif, et je me demande si le plus simple et le plus sûr ne serait pas de reconnaître que c'est au législateur lui-même que revient le soin de réglementer cette institution nouvelle et de préciser ses effets.

C'est justement l'objet d'un certain nombre de dispositions du projet officiel, dispositions qui, pour la plupart, sont la reproduction d'un avant-projet préparé, dès l'année 1904, par une sous-Commission de la Société d'Etudes législatives.

L'une de ces dispositions est relative aux sanctions du contrat collectif. C'est une des plus grosses difficultés de la matière. Certains auteurs contestent la possibilité de sanctionner légalement le contrat collectif. D'une part, en effet, l'employeur aura toujours le moyen, quoi que décide le législateur, de se soustraire à l'application du contrat collectif, en fermant l'usine. De son côté, l'employé a la ressource de changer d'atelier sans que pratiquement on puisse le poursuivre et le contraindre par des sanctions efficaces à se soumettre, dans un nouvel établissement, aux conditions collectivement fixées.

L'objection a sa valeur ; mais il faut cependant reconnaître, il me semble, que la fermeture de l'usine, l'exercice par l'employé du droit de congé, sont des solutions extrêmes, auxquelles les intéressés ne seront tentés de recourir qu'à la dernière extrémité. Le fait qu'elles ne sont pas impossibles ne fait nullement obstacle à ce que le législateur munisse le contrat collectif de sanctions efficaces. L'examen de la jurisprudence permet de constater, dès à présent, l'existence de semblables sanctions sous la forme du droit reconnu par les tribunaux à certaines personnes d'agir en justice en vue d'assurer l'exécution du contrat collectif, et, au cas de violation de ce contrat, d'obtenir des dommages-intérêts. L'efficacité d'une semblable action, comme sanction du contrat collectif, n'est pas douteuse lorsqu'elle est dirigée contre l'employeur partie au contrat. La même sanction cessera d'être illusoire à l'égard des employés le jour où, par suite de l'extension de la capacité civile reconnue aux syndicats, l'action en dommages-intérêts pour inexécution du contrat collectif permettra d'atteindre le patrimoine syndical.

Il importe donc de savoir à qui appartient l'action tendant à obtenir l'exécution du contrat collectif ou des dommages-intérêts en cas d'inexécution de ce contrat.

Ce droit doit-il être reconnu au syndicat lui-même, qui aurait été partie au contrat ? Sur ce point, la jurisprudence, jusqu'à ces dernières années, reste assez incertaine et il paraît bien difficile de tirer de ses décisions un système cohérent.

Certains arrêts accordent aux employés syndiqués l'action contre l'employeur qui aurait violé la convention collective, en vue d'obtenir réparation du préjudice que cette violation aurait causé à chacun d'eux individuellement. Mais un arrêt célèbre de la Cour de Cassation, qui remonte à 1893, refuse au syndicat le droit d'agir lui-même pour obtenir l'exécution de la convention collective, sous prétexte que les intérêts en jeu sont des intérêts individuels, les intérêts des syndiqués et non un intérêt collectif, l'intérêt du syndicat personne morale.

On peut observer, il est vrai, depuis 1893, un changement assez notable dans l'orientation de la jurisprudence sur ce point. Les tribunaux semblent de plus en plus disposés à admettre la légalité de l'intervention syndicale, pour peu que cette intervention puisse se justifier par l'intérêt du syndicat lui-même, fût-ce un intérêt moral. Malgré tout, cependant, la question de l'action syndicale reste débattue. Elle devait donc attirer l'attention du législateur.

L'article 20, qui, dans le projet du gouvernement, est relatif aux sanctions du contrat collectif, attribue de la manière la plus large l'action tendant à obtenir l'exécution de ce contrat. Elle appartiendra, semble-t-il, à toute personne, physique ou morale, qui aurait intérêt à l'exercer. Le texte la confère, non seulement aux employeurs ou aux employés, individuellement, pour obtenir réparation du préjudice subi, mais au syndicat lui-même, partie au contrat. L'action syndicale sera dirigée, suivant les cas, soit contre l'autre partie, soit contre un quelconque des syndiqués qui, en méconnaissant les conditions convenues, aurait engagé la responsabilité du syndicat ou causé un préjudice aux autres syndiqués.

Toutes ces solutions me paraissent pouvoir se défendre. Le texte va plus loin : il attribue au syndicat le droit d'exercer, non seulement l'action collective, mais les actions individuelles appartenant à ses membres, avec toutefois le consentement de ceux-ci. C'est là, au point de vue purement juridique, une solution hardie, puisqu'elle consacre au profit du syndicat, en matière de contrat collectif, l'existence d'un véritable mandat « ad litem » et déroge à la règle traditionnelle que « nul en France ne plaide par procureur ».

Après avoir déterminé, les personnes auxquelles appartient l'action tendant à l'exécution du contrat collectif, voyons quelles personnes sont effectivement liées par les clauses de ce contrat.

La question est réglée d'une façon très nette par l'article 15 du projet officiel. Le contrat collectif sera applicable à tous les individus qui feront partie du syndicat au moment où le contrat aura été conclu et à tous ceux qui, ultérieurement, adhéreront, soit au syndicat, soit à la convention collective.

En ce qui concerne les syndiqués ultérieurs, je ne crois pas que la solution puisse faire de difficultés : à leur entrée dans le syndicat, ils ont été évidemment avisés de l'existence de la convention collective ; ils ont dû en connaître les clauses et l'ont tacitement acceptée en adhérant au syndicat. Mais la question paraît beaucoup plus délicate lorsqu'il s'agit de considérer comme liés par la convention collective les syndiqués antérieurs, ceux qui faisaient déjà partie du syndicat au moment où celui-ci a conclu le contrat. A leur égard, la solution proposée soulève de très graves objections.

Il ne faut pas se dissimuler, en effet, que le texte confère aux administrateurs du syndicat le pouvoir d'engager, pour une durée qui peut être de cinq années, des syndiqués, employeurs ou employés, aux intérêts desquels les conditions convenues pourront être très défavorables. En ce qui concerne les employés eux-mêmes, l'objection ne paraît pas insurmontable, pratiquement, d'une part à raison de la difficulté d'atteindre efficacement à l'heure actuelle ceux d'entre eux qui voudraient se soustraire à l'exécution de la convention, d'autre part parce qu'il est à penser que le syndicat, organe collectif des intérêts ouvriers, ne sacrifiera ceux d'aucune catégorie. Encore pourrait-il se faire que le tarif établi par la convention collective fût défavorable aux ouvriers d'élite.

Mais, dans tous les cas, la solution proposée paraît extrêmement grave, lorsqu'il s'agit des employeurs. Un contrat collectif conclu par le président d'un syndicat patronal pourrait avoir pour conséquence de faire à certains des membres de ce syndicat une situation telle que, pour éviter la ruine, ils n'auraient d'autre ressource que la fermeture de leurs établissements.

Convaincue de la gravité de cette objection, la sous-commission de la Société d'Etudes Législatives proposait une variante au texte que je viens d'analyser. Elle admettait pour les syndiqués antérieurs le droit de se soustraire à l'exécution de la convention collective en quittant, dans le délai de quatorze jours, le syndicat.

Je dois reconnaître qu'on peut opposer aux objections dirigées contre le texte du projet officiel des réponses qui ont leur valeur. On dira tout d'abord que, si on n'admet pas la solution proposée, on compromet l'avenir du contrat collectif. Lorsqu'un employeur, à la suite d'une grève, est disposé à traiter avec un syndicat ouvrier, il faut, si l'on veut que le contrat puisse être utilement conclu, que l'employeur ait la certitude que ce contrat s'imposera à tous les syndiqués. Il n'est pas admissible que certains d'entre ceux-ci puissent, après coup, se soustraire à l'application d'une convention légalement conclue en vertu d'un mandat régulier. Autrement, ce serait compromettre l'avenir, le développement, et peut-être la possibilité du contrat collectif.

On fait une autre réponse. On dit : le droit reconnu aux syndiqués de se soustraire, en quittant le syndicat dans un certain délai, à l'application des conditions convenues est de nature à favoriser la mauvaise foi et à encourager des fraudes. Il arrivera, par exemple que tel employeur, usant jusqu'au bout du délai qui lui est imparti, ne sortira du syndicat qu'au dernier moment, laissant les autres enchaînés, et profitant de cette situation pour leur susciter une concurrence déloyale.

Je crois, malgré tout, que ces arguments n'ont pas toute la force qu'ils paraissent avoir. Si la fraude peut être encouragée par le droit reconnu aux syndiqués de sortir du syndicat, elle peut l'être également par le pouvoir reconnu au syndicat d'engager ses membres sans leur adhésion effective. Un semblable blanc-seing donné au président d'un syndicat, patronal ou ouvrier, ouvre la porte à tous les abus.

On invoque l'avenir du contrat collectif. Mais n'est-ce pas compromettre cet avenir, et peut-être l'avenir des syndicats eux-mêmes, que d'imposer aux syndiqués, contre leur volonté, et dès le jour même de sa conclusion, un contrat collectif qui peut être le résultat de l'erreur ou de la fraude ? N'y aurait-il pas un gage de paix industrielle plus sérieux dans l'adhésion effective des intéressés au contrat collectif qui met fin à la grève? Et n'est-ce pas introduire dans le contrat collectif une cause de discorde et de grève nouvelle que de le déclarer de plein droit applicable, sans possibilité de s'y soustraire, à des individus qui en ont ignoré les conditions et auxquels ces conditions peuvent être très préjudiciables ?

Dans tous les cas, — car la question est des plus délicates, et, après vous avoir exposé les deux opinions, je ne veux pas conclure d'une façon absolue, — si, en vue d'encourager le développement du contrat collectif, on se décide à laisser dans le texte la disposition que je viens d'analyser, il faudrait tout au moins, je crois, tempérer sa rigueur à un double point de vue. D'une part, on ne devrait pas se contenter de décider que le contrat collectif s'imposera obligatoirement à tous les syndiqués, par le seul fait qu'une clause contraire ne serait pas insérée dans les statuts ; ceux-ci devraient indiquer nettement l'obligation, pour les personnes qui entreraient dans le syndicat, de se soumettre aux conventions collectives ultérieurement conclues. Il faudrait que l'attention des futurs syndiqués fût provoquée sur la gravité de la situation que peut leur créer le pouvoir de contracter reconnu au syndicat.

Il y aurait peut-être lieu de distinguer également suivant, non pas la nature, mais la portée d'application du contrat collectif, suivant qu'il s'appliquerait seulement dans les rapports des parties signataires, ou suivant qu'il pourrait, au contraire, produire effet vis-à-vis d'autres personnes. Il peut se faire, en effet, que la convention collective soit établie de telle manière que l'employeur s'engage à appliquer les conditions convenues seulement aux membres du syndicat partie au contrat, et que ceux-ci ne soient eux-mêmes liés par ces conditions que vis-à-vis de l'employeur ou des employeurs avec lesquels le syndicat a traité. On pourrait peut-être admettre, dans ce cas, que le contrat s'applique immédiatement, de plein droit, aux syndiqués antérieurs, non seulement parce qu'ils auront été avertis par les statuts de la possibilité de semblable convention, mais parce que, pour échapper à l'application d'un contrat draconien, ils auront une suprême ressource, qui consistera, pour l'employeur, dans la possibilité de remplacer la main-d'œuvre vis-à-vis de laquelle il est lié, et, pour les employés syndiqués, dans la faculté de changer d'employeur.

Mais, lorsque le contrat contient des dispositions qui s'appliquent en dehors même des rapports des parties, lorsque, par exemple, les conditions qu'il fixe s'imposent aux employés, non seulement chez l'employeur partie à la convention, mais chez toutes autres personnes, je crois qu'il serait utile d'admettre, au profit des syndiqués antérieurs, la nécessité d'une ratification expresse ou tacite, et de leur reconnaître par exemple le droit de se soustraire à l'application du contrat qu'ils jugent préjudiciable, en sortant du syndicat dans un certain délai.

J'en ai assez dit, Messieurs, dans cet exposé bien incomplet malgré sa longueur, pour vous faire entrevoir tout l'intérêt et toutes les difficultés des problèmes qui se rattachent au contrat de travail.

S'il m'était permis, avant de terminer, de formuler un vœu, ce serait que l'attention du Parlement fût attirée, le plus tôt possible, sur cette question importante ; et que le projet dont je viens de vous présenter l'analyse succincte pût devenir quelque jour, avec les amendements qu'il paraît comporter, une loi de progrès et de garantie pour tous les intérêts en présence, un moyen efficace d'améliorer et de rendre plus pacifiques les rapports des employeurs et des employés, en un mot, la Charte du travail et de l'industrie dans notre pays ! (*Applaudissements*).

M. LE PRÉSIDENT. — Je suis sûr d'être l'interprète de l'unanimité de l'assemblée en exprimant à M. Perreau tous nos remerciements et toutes nos félicitations pour la clarté et la force avec lesquelles il a exposé devant nous une question aussi complexe que grave. (*Applaudissements*).

PRÉSIDENCE DE M. MILLERAND

M. LE PRÉSIDENT. — Messieurs, vous avez reçu le rapport imprimé de notre collègue, M. Perreau. Il a été entendu qu'avant de passer à l'exposé économique que doit nous faire M. Fagnot, la discussion s'ouvrirait, aujourd'hui, sur le rapport de M. Perreau. Je donnerai donc la parole aux personnes qui la demanderont.

M. L'ABBÉ LEMIRE. — C'est une espèce de question préalable que je voudrais poser.

J'ai lu avec attention le rapport que j'avais applaudi comme auditeur.

Il me semble que, quand on le lit d'un bout à l'autre, on est frappé de ce que, en partant du droit actuel, du droit français actuel, l'idée qui domine M. Perreau, — et qui domine tous les juristes, — c'est l'importance qu'a le mot *contrat*, non seulement pour le contrat individuel, mais encore pour le contrat collectif du travail. Si on accepte cela, on va au devant d'une foule d'objections qui me paraissent insolubles.

J'ai lu le projet du gouvernement. Le rédacteur de ce projet n'emploie pas le mot *contrat* pour désigner la réglementation collective du travail, mais le mot *convention*; laissant entendre par là, j'imagine, que cette convention n'a pas, nécessairement, les mêmes caractères que le contrat. Mais il ne suffit pas d'employer un autre mot. Il faut aller au fond des choses et s'expliquer.

Si nous acceptons d'avance que les conventions générales relatives au travail sont des espèces du genre *contrat*, tout ce qui convient au contrat proprement dit s'appliquera à ces conventions. Or il est de l'essence du contrat qu'il n'engage que ceux qui l'ont consenti et dans la mesure même où ils l'ont consenti.

Mais nous avons tous dans la pensée — nous du moins qui sommes partisans de l'intervention légale pour organiser le travail — que ce qu'on appelle contrat collectif ira plus loin que le consentement de chacun, qu'il acheminera forcément vers une organisation obligatoire qui enchaînera les volontés individuelles. Je ne vois pas que nous puissions aboutir à cette organisation obligatoire du travail en prenant le chemin du contrat librement consenti.

C'est pourquoi je trouve qu'il faudrait d'abord que l'Association s'expliquât là-dessus, et qu'elle examinât si elle entend garder pour toute la discussion le mot *contrat* collectif, et quel sens elle donnera à ce mot.

Je précise la question. Le travail est régi actuellement par des lois et par des contrats :

1° Par des lois ; elles concernent les conditions humaines du travail. Ces lois, qui émanent du Parlement, sont obligatoires dans toute l'étendue du territoire français. On a ainsi réglementé le travail des femmes, le travail des enfants, le travail de nuit, la durée du travail, et l'on a fixé le repos hebdomadaire. Ces conditions diverses du travail sont générales et elles sont bien dans les attributions des lois ;

2° A l'extrême opposé, nous avons le *contrat* individuel ou collectif. Le contrat est, en soi, un acte libre ; il est conclu par un ou plusieurs individus : par un individu en son nom, ou par un syndicat au nom de tous ceux qui le composent.

Son objet strict est d'engager un homme au service d'autrui et de régler les conditions que cet homme, qui se met au service d'autrui, accepte, consent.

Mais, entre ces deux règlements, entre le contrat libre qui engage au service d'autrui et la loi obligatoire qui détermine les conditions générales du travail, nous avons tous le désir de glisser ce que nous appelons de noms divers : *conventions* du travail, règlements d'atelier, conditions de la profession, lois du métier, en d'autres termes des espèces nouvelles de conventions qui sont intermédiaires entre le contrat et la loi. C'est précisément l'absence de mot pour désigner ces règlements ou ces conventions qui fait l'embarras de M. Perreau, et peut entraîner une équivoque dans toute la discussion. M. Perreau, en se servant du mot contrat, entend bien le contrat juridique, consenti. D'autres songent à une convention directement ou indirectement obligatoire.

Au fond, le *contrat collectif* n'est quelque chose de neuf qu'à la condition d'être sanctionné par la loi ; s'il n'est pas rendu obligatoire, il n'est rien. C'est l'objection que je fais au rapport si savant de M. Perreau.

Notre éminent Rapporteur n'a pas envie d'écarter l'organisation du travail, si elle est faite par autre chose que par une loi ; si elle est faite par des règlements d'atelier ou des conventions syndicales, il accepte ces règlements et ces conventions. Mais il lui répugne de les accepter sans qu'on leur donne leur vrai nom, sans qu'on leur laisse leur vrai visage. Et, pour lui, ce sont des contrats. Ils ne peuvent être que des contrats, aussi longtemps qu'une loi ne leur aura pas donné une portée plus générale, une obligation plus large.

Je ne sais pas si je m'exprime bien ?...

M. PERREAU. — Je vous comprends.

M. L'ABBÉ LEMIRE. — Entre le contrat qui ne lie que les contractants et la loi qui oblige tout le monde, nous demandons quelque chose d'intermédiaire qui sera la convention de travail s'imposant à tous ceux qui sont du même métier ou qui vivent dans le même pays. Cette convention, elle n'a pas encore de vie juridique. Si vous ne lui donnez que celle qui résulte du contrat, pour moi elle est insuffisante ; elle n'a pas les effets d'obligation que je lui souhaite.

M. PERREAU. — Je suis tout disposé à faire à mon ami l'abbé Lemire une concession de forme. Je reconnais très volontiers avec lui que l'expression *contrat collectif de travail* est malheureuse. Elle n'a absolument qu'un avantage, — c'est pourquoi je l'ai conservée et vous demande de la conserver dans la discussion, — c'est qu'elle est courte et qu'elle exprime en deux mots ce qu'exprimeraient les mots *conventions collectives relatives aux conditions du travail.*

M. L'ABBÉ LEMIRE. — Je ne suis pas obligé d'employer tous ces mots !

M. PERREAU. — Ceci posé, je reconnais que l'expression *conventions relatives aux conditions du travail* est, juridiquement et économiquement, beaucoup plus exacte que l'appellation *contrat collectif de travail.* J'ai fait moi-même observer, dans mon rapport, que le contrat collectif n'était pas un contrat de travail. Voilà la concession de forme que je fais très volontiers à mon ami l'abbé Lemire, d'autant plus que sur ce point son observation me paraît extrêmement exacte.

Mais il est un autre point sur lequel il me paraît impossible de le suivre. Est-ce à cause de mes habitudes de juriste, ou pour toute autre raison ? Je me refuse à ne pas voir, dans le contrat collectif ou, si vous voulez, dans la convention collective de travail, un contrat. En d'autres termes, le point sur lequel mon opinion diffère très nettement de celle de M. l'abbé Lemire, c'est que, tandis que la réglementation des conditions du travail, pour la durée, pour l'âge, pour les accidents, me paraît devoir résulter normalement de la loi, au contraire, il me semble que la convention collective impliquera nécessairement un contrat, c'est-à-dire l'accord des volontés des parties. Ce ne sera pas un contrat de travail, puisque, en vertu d'une convention collective, personne ne sera obligé de travailler ou de faire travailler, mais ce sera du moins un contrat, parce que les conditions auront été fixées d'un commun accord entre deux parties, dont l'une ou les deux pourront être collectives, mais qui n'en seront pas moins des contractants.

Si donc je conçois la convention collective comme devant régler, pour l'ensemble des ouvriers ou l'ensemble des patrons, ou pour l'ensemble des ouvriers et des patrons, dans un lieu déterminé, dans un métier déterminé, les conditions du travail, le tarif des salaires, la durée du travail, je ne conçois pas cela comme pouvant être imposé par la loi. Ce ne serait plus alors un contrat collectif de travail, ni même une convention, ce serait une *réglementation légale des conditions du travail.* Et je vous avoue sincèrement qu'il ne me vient pas à l'idée que la réglementation légale puisse remplacer avantageusement le contrat collectif ; je ne crois pas qu'il soit utile de régler législativement des conditions de salaire et de travail qui varient nécessairement d'entreprise à entreprise, suivant les régions, suivant les professions. Ce que j'admets, ce que propose le projet de loi, ce que j'ai étudié, ce sont les réglementations contractuelles faites d'une façon collective, en vue de régir les contrats individuels de travail qui, plus tard, seront conclus entre patrons et ouvriers, entre employeurs et employés de telle ou telle profession, de telle ou telle région. Mais j'entends bien, et sur ce point le désaccord de fond est très sérieux entre M. l'abbé Lemire et moi, j'entends bien qu'il s'agira d'une réglementation contractuelle, d'un véritable contrat, d'une véritable convention — convention ou contrat, au point de vue juridique, c'est la même chose — puisque nous trouvons un accord de volontés, accord de volontés qui, à la différence de ce qui se passe dans le contrat individuel, émanera d'une collectivité, mais qui n'en sera pas moins la base d'un contrat.

M. l'abbé Lemire. — M. Perreau veut donner comme point de départ à cette convention un accord entre les parties.

M. Perreau. — Absolument !

M. l'abbé Lemire. — Je lui concède le point de départ, mais j'estime que nous devons aller plus loin. La réglementation peut, en effet, avoir comme point de départ une loi : c'est la situation actuelle ; ou une convention des parties : ce sera le cas de demain.

Mais cette convention des parties, origine d'une réglementation, il faudra la rendre obligatoire ; il faudra la faire accepter par des non-contractants. Alors, que ferez-vous ? vous aurez évidemment recours, vous, Monsieur Perreau, et nous tous, à une loi. C'est parce que vous avez besoin d'une loi pour fixer le sort de cette convention que vous préparez le projet qui nous est soumis, que vous le discutez.

S'il ne s'agissait que d'une formule de contrat, il ne faudrait pas de loi nouvelle. Avec le code tel qu'il est, un syndicat peut s'engager pour tous ses membres : il n'a qu'à faire signer par eux tous les engagements qu'il prend.

Mais vous avez envie de faire toute autre chose ; vous voulez que demain le syndicat puisse donner force obligatoire aux stipulations qu'il aura consenties et pour lesquelles, cependant, il n'aura pas reçu un mandat distinct et personnel de tous ses adhérents présents ou futurs. Vous voulez arriver, par cette convention, syndicale ou collective, à l'organisation du travail. Mais vous sentez très bien que, pour obtenir ce résultat, vous avez besoin que la loi donne à cette convention une force qu'elle n'a pas aujourd'hui, en vertu du droit actuel. C'est pourquoi vous dépassez la théorie du contrat, vous allez plus loin que la notion de contrat ; et, pour aller plus loin, vous réclamez une loi spéciale qui fera que des stipulations dont le point de départ a été un contrat seront obligatoires pour toute une collectivité. Est-ce clair ?

M. PERREAU. — Mais oui ; nous sommes d'accord sur le point de départ, non sur le point d'arrivée.

M. L'ABBÉ LEMIRE. — Je me permettrai alors de solliciter des explications sur une concession que vous avez faite dans votre rapport. Examinant la nature juridique de la convention de travail, vous nous dites, Monsieur le Rapporteur :

« Quant à la nature juridique du contrat collectif,

« une controverse importante s'élève dans la doctrine.
« Certains jurisconsultes voudraient rattacher le con-
« trat collectif à la notion du mandat.... »

S'il se rattachait à la notion du mandat, ce serait
simple : il n'y aurait, pour faire un contrat collectif,
qu'à demander un mandat à tous ceux qui font partie
du syndicat.

« ... d'autres à la notion de stipulation pour autrui,
« et lui appliquer, quant à ses effets et à ses sanc-
« tions, les mêmes règles qui s'appliquent actuelle-
« ment à ces institutions.

« A vrai dire, aucune des théories juridiques actuel-
« lement consacrées ne me paraît s'adapter d'une
« façon satisfaisante au contrat collectif et je me
« demande si le plus simple et le plus sûr...

Le plus simple et le plus sûr, cela ne me paraît pas
suffisant, je dirai : le plus nécessaire !

« ... ne serait pas de reconnaître que c'est au légis-
« lateur lui-même que revient le soin de réglementer
« cette institution nouvelle et de préciser ses effets. »

Je répète qu'il me paraît tout à fait nécessaire que
le législateur intervienne pour donner à la convention tous ses effets. C'est en cela que je me différen-
cie de M. Perreau qui me semble croire que nous
pouvons, avec les théories juridiques actuelles, et
sans loi spéciale, expliquer le contrat collectif de travail, qu'il l'appelle contrat ou convention, peu m'im-
portent les mots. Je suis convaincu qu'il faut une loi
pour lui faire produire des effets qu'il n'a pas aujour-
d'hui en vertu du mandat ou de la stipulation pour
autrui.

M. PERREAU. — J'ai dit dans mon rapport, qu'un
certain nombre de jurisconsultes ont voulu rattacher
le contrat collectif à des institutions juridiques exis-

tantes, mais qu'il ne me paraît pas qu'aucune théorie juridique actuelle puisse s'y adapter d'une manière satisfaisante.

Le contrat collectif de travail est en France une institution nouvelle. Elle est connue depuis assez longtemps ailleurs, mais, chez nous, elle remonte à une vingtaine d'années, à une trentaine si vous voulez. Si bien que les espèces présentant le contrat collectif ne se sont présentées devant les tribunaux qu'à une époque récente. Les tribunaux avaient une première question à se poser : Faut-il valider de semblables conventions ? Comme, après tout, ces contrats ne paraissent violer aucun principe d'ordre public ni de morale, il n'y avait aucune raison pour que les tribunaux n'admissent pas leur validité. Mais, si on admet leur validité, quels effets va-t-on leur faire produire ? Les tribunaux et les auteurs se sont dit : puisque nous devons, à raison des nécessités économiques et pratiques, admettre la validité de ces contrats, il faut, pour leur faire produire leurs effets, que nous les rattachions à quelques-uns des contrats actuellement réglementés par la loi, que nous les expliquions par une théorie juridique en cours. Nous ferons produire au contrat collectif les effets que la loi reconnaît à telle catégorie de contrats dont nous le rapprocherons. C'est ainsi qu'on est arrivé à appliquer au contrat collectif de travail la théorie du mandat et à dire : le syndicat, quand il traite avec l'employeur, est, en réalité, le mandataire des ouvriers, des employés, pour lesquels il traite. Ceux-ci sont ses mandants et sont obligés comme tels.

J'ai dit que cette théorie du mandat ne rendait pas un compte exact du contrat collectif. Vous admettez, en effet, et le texte du gouvernement admet — avec raison selon moi — que le contrat collectif de travail devra s'imposer, non seulement aux individus qui font partie du syndicat au moment où le contrat est conclu (et pour lesquels une grave difficulté s'élève), mais aussi à tous ceux qui adhéreront au syndicat postérieurement à la convention. Ceux-là seront engagés parce qu'ils ne pourront pas dire qu'ils ignorent la convention. Ceci admis, vous ne pouvez pas appliquer au contrat collectif la théorie du mandat : les syndiqués futurs, ultérieurs au contrat collectif, n'ont pas pu être les mandants du syndicat quand celui-ci a conclu la convention antérieure.

Voilà un point sur lequel la théorie juridique du mandat est insuffisante. Je ne veux pas multiplier les exemples, mais il serait facile d'établir que la théorie de la gestion d'affaires ou celle de la stipulation pour autrui soulèvent des difficultés analogues. On peut expliquer certains effets du contrat collectif par ces théories, mais d'autres effets ne peuvent s'expliquer d'une manière satisfaisante.

Voilà pourquoi j'ai dit : en présence d'une institution nouvelle qui, chaque jour, prend plus d'extension et qui, j'espère, en prendra davantage encore dans l'avenir, le législateur doit intervenir. Puisqu'aucune théorie juridique existante ne permet de rendre compte du contrat collectif et de lui faire produire tous les effets qu'on désirerait lui rattacher, le mieux est de légiférer sur ce contrat.

Quel sera le caractère de cette législation nouvelle ?

Je demande que le législateur, — et c'est d'ailleurs ce que fait le projet, — prévoie à quelles conditions le contrat collectif de travail pourra être conclu, de quelle manière et en quelle forme se manifestera l'action du syndicat. Je demande au législateur de fixer les effets du contrat collectif, de déterminer les actions qui en naissent, en vue d'assurer son exécution. Je demande qu'il dise à qui appartiennent ces actions et si l'action syndicale est distincte des actions attribuées aux syndiqués.

Voilà comment je comprends la réglementation législative du contrat collectif. Mais il ne m'est jamais venu à l'esprit de vouloir que le législateur déclare que la convention collective de travail, conclue par un syndicat pour une durée de cinq ans et pour 500 employés par exemple, s'appliquera obligatoirement à d'autres que ces employés. Je suis nettement partisan de l'idée que le contrat collectif de travail ne s'applique qu'à ceux qui, volontairement, parce que déjà membres du syndicat ou devant y adhérer ultérieurement, l'auront accepté. La loi ne doit pas faire perdre au contrat collectif son caractère contractuel ; on ne doit pas désirer que la réglementation légale supprime le contrat. Sur ce point, je suis en désaccord avec M. l'abbé Lemire.

M. Boissard. — Ce qui provoque le dissentiment entre M. l'abbé Lemire et M. Perreau, c'est la confusion qui s'est faite dans l'esprit de M. l'abbé Lemire. Il a cru voir dans la convention collective un instrument qui, après avoir été contractuel, serait étendu, *ipso facto*, à toute la corporation. Il a cru que la convention collective de travail deviendrait une sorte de réglementation corporative. Or, les auteurs du projet, comme M. le Rapporteur, se sont toujours placés sur le terrain contractuel. Je ne prétends pas que ce soit préférable, mais, ce que je veux dire, c'est que les rapporteurs se sont placés sur le terrain contractuel ; ils ont entendu parler d'une convention collective qui n'obligera que les contractants, tout en entendant les contractants de la façon la plus large, puisqu'ils entendent parler des membres actuels et des membres futurs du syndicat ; mais ils ne veulent qu'une convention obligeant les contractants ; ils maintiennent l'obligation sur le terrain contractuel, différant par là des anciennes réglementations qui devenaient la loi pour la collectivité.

M. Perreau. — J'ai peut-être une atténuation à apporter aux observations que j'ai présentées tout à l'heure, atténuation qui, je le suppose, fera plaisir à M. l'abbé Lemire.

Quel sera l'avenir au point de vue de la réglementation du contrat collectif ? Personne ne le sait. Personne ne peut dire qu'un jour, le contrat collectif, s'étant généralisé, ne deviendra pas une réglementation légale du travail. Mais, ce que je dis, c'est qu'actuellement, où le contrat collectif de travail est à sa naissance, il ne peut être considéré comme la règle obligatoire que pour ceux qui, expressément ou tacitement, ont entendu être liés.

Il y a, dans le projet officiel, un petit article, l'article 18, qui n'a l'air de rien et sur lequel je n'ai pas eu le temps d'insister dans mon rapport. Ce petit article dit que le contrat collectif deviendra usage professionnel à défaut d'usage ou de convention contraire.

Il est incontestable qu'ainsi envisagé, le contrat collectif pourra prendre une extension considérable et s'appliquer, en réalité, à d'autres que ceux qui l'auront conclu. Mais il n'en est pas moins vrai que, même sous cette forme, le contrat collectif restera encore une disposition contractuelle. Dans le cas même où le contrat collectif régira les rapports d'autres que les syndiqués qui auront conclu la convention, il impliquera du moins l'acceptation tacite de ses clauses par les employeurs et les employés qui y seront soumis, puisque ceux-ci pourraient s'y soustraire par une convention contraire ou par l'adhésion à un usage professionnel contraire.

L'avenir nous réserve-t-il de voir un jour le contrat collectif devenir une véritable réglementation légale, analogue à celle qui existe pour la durée du travail, l'insaisissabilité des salaires ou la responsabilité des accidents ? Je n'en sais rien. Mais ce que je crois, c'est qu'il serait dangereux et prématuré de s'engager dans cette voie. (*Applaudissements.*)

M. L'ABBÉ LEMIRE. — Je veux conclure mes observations pour ne pas abuser de la bienveillance avec laquelle on m'a donné la parole. Ce que M. Perreau regarde comme un danger à éviter est pour moi une solution à souhaiter. (*Très bien !*) Je veux m'élever au-dessus du contrat. En partant du contrat qui est l'amorce de l'organisation du travail, je veux arriver à ce que vous regardez comme dépassant le contrat, constituant un danger, et que je regarde, moi, comme un fruit, un heureux effet du contrat. Et c'est ce qui seul me le rend acceptable. On le consentira peut-être à l'aveuglette ; on croira ne pas s'engager à grand'chose ! Et on s'engagera à quelque chose de plus qu'à des stipulations précises et expresses. On s'engagera à tout un avenir de conséquences qui sortiront du contrat comme d'un germe. On se mettra en route pour l'organisation légale du travail, organisation locale ou spéciale, suivant les circonstances. C'est pourquoi je m'en réjouis. Et, tout compte fait, j'arrive à être content et à accepter même le contrat de travail, mais le contrat de travail point de départ, le contrat de travail fait, en somme, pour apprivoiser le monde industriel et l'habituer à sortir de l'anarchie, et qui aura pour conséquence une réglementation obligatoire à laquelle nul ne pourra se soustraire et que vous serez obligés d'accepter, Messieurs les juristes, parce que vous aurez mis le doigt dans l'engrenage : je vous en remercie !

M. Perreau. — Je disais tout à l'heure que je ne savais pas si ce que M. l'abbé Lemire a l'air de considérer comme désirable se réaliserait jamais. Personne ne peut le savoir. Je tiens à ajouter tout de suite que, sans être un adversaire de la réglementation légale du travail, — puisque je fais partie de l'Association pour la protection *légale* des travailleurs, — je me demande s'il y a lieu de désirer que les rapports du capital et du travail soient régis par l'obligation légale.

M. l'abbé Lemire. — Je ne m'en cache pas : je le désire !

M. Perreau. — J'avoue qu'au point de vue de l'intérêt légitime des parties en présence, au point de vue de l'éducation économique des employeurs et des employés, j'aimerais infiniment mieux le contrat généralisé comme contrat, par la volonté même des intéressés, qu'imposé par la réglementation légale. J'admets que la réglementation légale est nécessaire dans certains cas et que cette nécessité est de plus en plus large. J'admets fort bien que le législateur soit amené par cette nécessité même à intervenir dans les rapports des intéressés en un nombre de cas beaucoup plus grand aujourd'hui qu'autrefois. Je ne dis pas qu'il a épuisé la mesure dans laquelle il doit intervenir, mais j'ajoute que, chaque fois que cela arrive, je souhaiterais que le législateur ne fût pas obligé de le faire et que les efforts des intéressés pussent l'en dispenser. Il me semble qu'au point de vue moral il y aurait plus d'élévation dans un régime contractuel d'organisation du travail que dans un régime généralisé sous la contrainte de la loi.

M. L'ABBÉ LEMIRE. — Je n'ai pas dit *généralisé par la loi.*

M. PERREAU. — Je ne dis pas que la vulgarisation du contrat collectif n'amènera pas la réglementation légale : nous n'en pouvons rien savoir, ni l'un ni l'autre. Mais je souhaiterais que cela n'arrivât pas, que cela ne fût pas nécessaire. Il me semble d'ailleurs qu'il serait bien difficile d'établir une telle réglementation légale, car, lorsqu'il s'agit de fixer les conditions des contrats individuels de travail, soit le taux des salaires, soit la durée du travail, les situations sont tellement particulières, il est si difficile de tenir un compte exact et suffisant des différences qui séparent les professions et les régions que, pour donner à ces conditions un caractère d'application collective, une convention conclue par les intéressés sera sans doute toujours préférable à la réglementation légale, même si cette réglementation doit avoir un caractère simplement régional.

M. Ambroise COLIN. — Il me semble que le désaccord qui existe entre M. l'abbé Lemire et M. Perreau est tranché par l'article 18. En effet, voici ce que nous pouvons lire :

« Lorsqu'il n'existe qu'une seule convention collec-
« tive relative aux conditions du travail *pour la*
« *profession ou la région,* etc., les employeurs
« et les employés seront, jusqu'à preuve con-
« traire, et pendant la durée de la convention col-
« lective, présumés avoir accepté, pour le règlement
« des rapports nés des contrats de travail intervenus
« entre eux, les règles posées dans la convention
« collective ».

La loi, à tort ou à raison, mais vous êtes forcés de le reconnaître, a tranché la controverse.

M. L'ABBÉ LEMIRE. — Le projet de loi.

M. Ambroise COLIN. — Oui, le projet de loi. Il a tranché, dis-je, la controverse dans le sens de l'opinion émise par M. l'abbé Lemire. J'ajoute que cela me paraît très utile et excellent. J'avais, ces jours derniers, occasion d'exposer devant une autre assemblée une idée relative au contrat collectif que je vous demande la permission de rappeler à ce propos. Ce sera, disais-je, l'une des plus grandes utilités des conventions collectives que d'introduire dans l'application de la loi plus de souplesse et plus de diversité selon les lieux et les circonstances. Et, par exemple, je ne verrais aucun inconvénient — au contraire — à ce que, à titre de correctif contre la multiplicité des articles de la loi qui interdisent toute clause contraire aux prescriptions édictées, des dérogations fussent rendues possibles, lorsqu'elles seraient stipulées dans des contrats collectifs débattus par les syndicats compétents. Je citais plusieurs articles de la loi pour lesquels cela serait utile et notamment les prescriptions comme celles de l'article 47 pour lesquelles la loi admet des dérogations, mais en les soumettant aux prud'hommes, aux juges de paix, à ces conseils d'arbitrage. N'y aurait-il pas, disais-je, des avantages à ce que ce soit, non pas des autorités extérieures incompétentes, mais les intéressés eux-mêmes qui vinssent convenir de l'opportunité des dérogations ? En d'autres termes, la convention collective m'apparaît comme la loi des parties, comme une loi particulière, destinée à suppléer à la rigidité de la loi générale.

Maintenant, je me permets d'attirer l'attention de l'assemblée sur un autre point.

Je n'ai pas l'intention de discuter, article par article, le projet de loi, quoiqu'au point de vue juridique, il y ait beaucoup à dire ; je crois que, si on veut le rendre viable, il y aura de nombreuses modifications à faire, car il me serait facile de démontrer que, sur quelques points, il n'améliorerait pas sensiblement la situation ! Mais voici le point de vue auquel je me place. Faire une loi nouvelle, donner de nouveaux droits aux ouvriers ou mettre en lumière des droits qu'ils ont déjà, mais qu'ils ne connaissent pas, c'est excellent, mais il faut surtout que la loi ne reste pas lettre morte ; il faut que les droits soient exercés. Sera-ce possible ? Je l'espère dans un certain nombre de cas, grâce à certaines dispositions très intéressantes. A mon avis, la plus importante peut-être à cet égard est celle de l'article 20. Cette hypothèse est justement celle où les contrats individuels se sont conformés à ce type de contrat qui résulte de la convention collective. Et alors, l'article 20, rompant, très justement, à mon avis, avec certaine tradition du droit français d'après laquelle nul, en France, ne plaide par procureur, rompant avec la jurisprudence de la Cour de cassation, dit que le syndicat pourra représenter en justice les contractants individuels, ce qui fera que les droits de ceux-ci seront soutenus avec infiniment plus de hardiesse, d'initiative et de succès qu'ils n'auraient pu l'être par eux-mêmes.

M. Perreau. — Avec leur consentement !

M. Ambroise Colin. — Ce qui m'étonne, c'est qu'on n'ait pas pensé dans le projet — on y a pensé dans certains pays, notamment dans un pays qui n'est pas précisément celui des grandes audaces sociales, en

Espagne, — c'est que l'on n'ait pas pensé, dis-je, dans le cas d'un contrat individuel, à autoriser exactement la même représentation. Jusqu'à présent, il y a peu de contrats collectifs. Nous espérons tous que le contrat collectif se développera, qu'il est appelé à un grand avenir, mais, jusqu'à nouvel ordre — et il en sera encore longtemps ainsi, — les contrats individuels sont la majorité. Eh bien, est-ce que, aujourd'hui, l'ouvrier est armé de façon à pouvoir exiger, le cas échéant, l'exécution du contrat individuel ? Non, assurément ! Il le serait, si la loi décidait qu'il pourra, toujours avec son consentement, être représenté en justice par le syndicat. Comme je vous le disais, cette solution a été examinée ailleurs.

M. L'ABBÉ LEMIRE. — Mais chez nous aussi !

M. Ambroise COLIN. — Peut-être pourrait-on objecter que cette disposition serait plus à sa place dans une réglementation générale des syndicats.

M. L'ABBÉ LEMIRE. — M. Millerand sait qu'on l'a proposé.

M. Ambroise COLIN. — Je crois en tous cas que nulle part on ne trouverait application plus pratique, plus probante de cette idée de représentation générale par les syndicats que dans la matière du contrat de travail : je crois que cela donnerait une nouvelle force à l'idée de syndicat, non pas en le rendant obligatoire, mais en multipliant les avantages du syndicat pour ceux qui se décideraient à en faire partie.

M. JAY. — Vous avez entendu le débat qui s'est élevé entre M. l'abbé Lemire et M. Perreau. M. l'abbé Lemire a, du premier coup, entr'ouvert l'hoziron. Il a montré ce que sera nécessairement, dans un avenir plus ou moins lointain, la réglementation préalable

des conditions du travail par les ouvriers et les
employeurs. M. Perreau a cherché, dans un effort
dont vous avez tous apprécié le mérite, à se canton-
ner exclusivement sur le pur terrain du droit actuel.

M. PERREAU. — Pas du tout ! Je vous ai fait la part
assez large !

M. JAY. — J'estime que, parmi les propositions de
M. Perreau, il n'y en a point qui ne pourrait, dès à
présent, être consacrée par la jurisprudence la plus
classique, la plus traditionnelle. Il y a, au contraire,
dans le projet du gouvernement certaines dispositions qui dépassent — M. Colin vous l'a démontré —
le cadre du droit actuel. Mais je ne sache pas que
M. Perreau ait donné son approbation à ces dispositions... je sais même qu'en d'autres enceintes il les
a combattues. Je peux donc affirmer que M. Perreau
— et c'est un hommage que je rends à la fermeté de
son esprit juridique — s'est maintenu sur le terrain
du droit actuel. Je crois, cependant, que les juristes
les plus conservateurs — et Dieu sait s'ils le sont, parfois, conservateurs ! — seront obligés d'aller plus
loin. On l'a dit, on l'a répété : qu'est-ce que le contrat
collectif de travail ? C'est une réglementation des
conditions du travail par un accord formé entre les
patrons et les ouvriers.

Croyez-vous que le jour où des organisations ouvrières et patronales, représentant véritablement la
majorité des ouvriers et des patrons, auront, après
des négociations plus ou moins longues, peut-être,
hélas ! après des luttes plus ou moins douloureuses,
abouti à une entente sur les conditions du travail, on
se résignera longtemps à voir le résultat de leur
effort, la paix sociale assurée pour un temps, compromis peut-être irrémédiablement compromis par

les agissements de quelques-uns de ces ouvriers ou patrons restés en dehors du contrat, que la langue ouvrière suisse désigne aujourd'hui sous le nom significatif de « côtoyeurs » ?

Non ! un jour viendra où la réglementation acceptée par la majorité loyale des deux parties s'imposera à tous.

Dès à présent, pourquoi tous ces projets destinés à donner aux ouvriers et aux patrons des représentants autorisés, à mettre ces représentants en rapport ? Pourquoi spécialement ces projets qui prétendent plus ou moins complètement organiser l'arbitrage obligatoire ? Tous ces projets ne sont-ils pas plus ou moins directement inspirés de cette pensée que le gouvernement de la majorité, qui garantit la paix dans le monde politique, la doit, de même, établir aussi dans le monde industriel ?

Déjà, pour porter remède aux maux les plus difficiles à guérir, on fait appel à la réglementation des conditions du travail par les intéressés. Vous savez quel a été le rôle des comités de salaires de Victoria.

La colonie de Victoria s'est trouvée en face de cette exploitation lamentable de certains travailleurs à domicile, qu'on désigne en Angleterre, sous le nom de *sweating system*, système qui fait transpirer, qui exploite, qui épuise à fond la sueur de l'ouvrier. Ce *sweating system*, la colonie de Victoria, plus heureuse, mais aussi plus hardie que nos pays européens, la colonie de Victoria a su le faire presque entièrement disparaître. Comment y a-t-elle réussi ? En créant dans les professions envahies par le mal des comités mixtes composés, en nombre égal, d'industriels et d'ouvriers. Le président du comité est pris en dehors de lui, désigné par les représentants des ouvriers et des patrons. ou, si ces ouvriers et ces patrons ne peuvent s'entendre, par le gouverneur de la colonie.

Ainsi constitués, les comités de salaire établissent des tarifs de salaires minima légalement obligatoires pour toute l'industrie.

L'expérience faite avec les comités de salaires a été si favorable qu'aujourd'hui un mouvement se produit, singulièrement fort et puissant, pour introduire ces comités de salaires, ces minima de salaires obligatoires, ce contrat collectif obligatoire, où, dans quel pays ? Dans le pays qui a toujours été considéré comme le pays classique de la liberté, en Angleterre !

Vous avez peut-être entendu parler de ce Congrès qui, à Londres, au mois d'octobre dernier, sous les auspices de l'*Anti-sweating League*, réunissait en même temps que des délégués des Trade Unions, des parlementaires, des économistes, également préoccupés d'étudier ensemble comment introduire en Angleterre le minimum de salaire déterminé par l'accord des employeurs et des employés.

Vous savez le résultat de ce Congrès.

A la suite d'un vote unanime de tous les hommes, si nombreux, si divers, qui avaient pris part aux travaux du Congrès, M. Charles Dilke a déposé devant la Chambre des Communes un bill destiné à instituer en Angleterre des comités de salaires sur le modèle de Victoria, c'est-à-dire à assurer par avance la consécration de l'obligation légale aux décisions prises par les représentants des patrons et des ouvriers et à donner ainsi le jour à de véritables contrats collectifs obligatoires.

Je ne voudrais pas trop insister sur cet ordre d'idées qui ne vise qu'un avenir plus ou moins éloigné.

Le mérite de M. l'abbé Lemire a été de soulever la large question qui se dissimule sous nos débats de juristes.

Revenons au texte du projet actuellement soumis à notre examen. Prenons-le pour ce qu'il est dans l'esprit de ceux qui l'ont rédigé. Dans l'esprit de ceux qui l'ont rédigé, il est, je puis l'affirmer, presque uniquement, sinon uniquement, destiné à garantir au contrat collectif de travail les effets que les parties elles-mêmes ont voulu lui faire produire : à assurer pleine efficacité aux intentions des parties.

Je ne dis pas que ce projet ne soit pas intéressant ; je répète seulement qu'il ne crée rien de nouveau, qu'il cherche simplement à donner au contrat collectif de travail l'interprétation que les parties ont entendu lui donner. Les juges, dès aujourd'hui, pourraient, à mon sens, tirer des principes généraux toutes ou presque toutes les solutions que vous avez dans votre texte précisées, formulées. Mais le feraient-ils, dans l'embarras où ils se trouvent parfois en présence de questions nouvelles pour eux ? Sauraient-ils toujours dégager immédiatement les solutions qui nous paraissent s'imposer ? On peut en douter, et c'est pourquoi on a songé à formuler et préciser ces solutions dans un texte légal.

Voilà le sens du projet, voilà son caractère propre.

M. Perreau. — Et son utilité.

M. Jay. — Et son utilité, que je suis le premier à reconnaître. Supprimer les aléas de la jurisprudence, c'est rendre aux justiciables un service dont je reconnais tout le prix.

M. Perreau. — C'est quelque chose.

M. Jay. — C'est particulièrement en me plaçant à ce point de vue de l'interprétation des intentions des parties au contrat collectif que je ne saurais admettre certaines des conclusions de M. Perreau. Certaines de ces conclusions me paraissent présenter pour l'avenir du contrat collectif les plus grands dangers.

L'avenir du contrat collectif est intimement lié au développement de l'organisation syndicale, spéciale-ment au développement de l'organisation syndicale ouvrière. Le contrat collectif ne donnera tout ce qu'on en doit attendre que le jour où les deux parties en présence seront également organisées d'une façon permanente, le jour où les deux organisations seront assez fortes pour se garantir réciproquement l'exécution des engagements pris. Dès lors, il faut tout faire pour éviter que la réglementation du con-trat collectif puisse, en quoi que ce soit, affaiblir ces organisations syndicales dont dépend l'avenir du con-trat collectif lui-même. Ne serait-ce pas cependant le résultat de certaines des solutions préconisées par M. Perreau, solutions qui ont, en outre, l'inconvé-nient d'être en contradiction avec la plus naturelle, parfois la plus certaine intention des parties ?

Vous voyez à quoi je fais allusion. D'après le texte présenté par le gouvernement, les membres d'un syn-dicat seraient, à défaut d'une stipulation contraire dans les statuts, légalement engagés à respecter toutes clauses du contrat collectif acceptées par les repré-sentants réguliers du syndicat.

Je dis que c'est là une juste interprétation des volontés des parties. Je dis qu'aujourd'hui, dans l'état actuel des rapports des ouvriers et des patrons, lorsque les ouvriers forment un syndicat, c'est, avant tout, pour les représenter dans les différends qu'ils peuvent avoir avec les patrons, pour lui donner la mission et, par conséquent, le pouvoir, le droit de faire des conventions collectives relatives aux conditions du travail.

M. Perreau ne veut pas qu'il en soit ainsi. Suivant l'exemple donné par la Commission de la Société d'Etudes Législatives, il demande que, pendant les 14 jours qui suivront la signature du contrat collectif de travail, chacun des membres du syndicat puisse se dégager des obligations que ce contrat comporte, en donnant sa démission du syndicat. Le danger d'une pareille disposition me paraît si grave que j'aimerais beaucoup mieux, quant à moi, ne jamais voir voter de loi sur le contrat collectif de travail que de voir adopter un texte de ce genre. (*Très bien ! Très bien !*)

Remarquez-le, d'abord au simple point de point de vue juridique... l'observation est peut-être un peu subtile, mais nous sommes sur le terrain juridique. N'est-il pas contradictoire d'appeler contrat collectif un contrat qui ne sera définitif que par l'acceptation individuelle, au moins tacite, de chaque syndiqué ? Mais, ce qui est bien plus grave, c'est qu'une semblable législation serait la négation même de l'organisation syndicale. Avec un pareil texte, vous ne feriez pas seulement disparaître ce qui est l'essence juridique du contrat collectif de travail, vous porteriez au syndicat un coup des plus dangereux.

Comment ! un syndicat ne pourrait plus discuter les conditions du travail avec le ou les patrons, enregistrer les concessions patronales, engager la masse ouvrière qui est derrière lui sans que, pendant 14 jours, tous ceux qui voudront se soustraire à l'engagement commun puissent le faire en donnant leur démission de syndiqué ! C'est, je le répète, la négation de l'organisation ouvrière elle-même !

Vous pourriez, sans qu'il en soit ainsi, subordonner

la validité du contrat collectif de travail à un *referendum*. Le *referendum* ne serait pas la négation
de l'organisation ouvrière. Il donnerait une solution
définitive, obligatoire pour tous.

Ce qui fait l'organisation ouvrière, comme l'organisation politique, comme toute organisation, c'est
que la majorité décide, majorité d'un comité de direction ou de la masse des syndiqués se prononçant
dans un *referendum*, peu importe. Tant que la majorité décide et oblige, il y a organisation. L'organisation suppose que des hommes, qui ont des intérêts
communs, des aspirations communes, renoncent à
quelque peu de leur liberté, à quelque peu de leur
indépendance pour assurer mieux la solidarité de
leur action et, par suite, le succès de leurs revendications. Mais, là où chacun reste aussi libre qu'auparavant, suivant la formule paradoxale de Jean-
Jacques Rousseau...

M. CHARLES-BENOIT. — Hélas !

M. JAY. — ... Il n'y a ni organisation, ni force, ni
avenir ! (*Applaudissements.*)

Je serai très heureux, pour ma part, que l'assemblée manifestât nettement son sentiment sur
ce point. Sur d'autres points, la controverse n'a pas
cette importance. Ici, encore une fois, j'ai l'entière
conviction qu'il ne s'agit pas seulement du contrat
collectif, mais aussi de l'avenir du mouvement syndical français, c'est-à-dire de l'avenir des ouvriers
français, de l'industrie française elle-même ! (*Vifs
applaudissements.*)

M. LE PRÉSIDENT. — Messieurs, je voudrais vous
demander la permission de faire une double observation : une, qui rentre tout à fait dans mes fonctions
de Président, et une — je m'en excuse — qui en sort
un peu.

Voici la première : j'ai remarqué que, par la force même des choses, tous les orateurs qui, jusqu'ici, ont pris la parole ont abordé un ordre d'idées qui forme, en effet, comme le chapitre premier de la question que nous examinons, c'est-à-dire la formation du contrat de travail. Je crois que, pour le bon ordre de la discussion, il sera utile d'épuiser le débat sur ce point avant de passer au chapitre suivant, c'est-à-dire aux effets et à la rupture du contrat de travail.

Voilà l'observation *présidentielle*, si j'ose m'exprimer ainsi, que je voulais vous soumettre.

Je demande la permission, maintenant, de me mêler un instant à la discussion pour formuler une remarque :

M. Jay vient d'indiquer quelles doivent être, à ses yeux comme aux yeux de l'abbé Lemire, les conséquences directes et inévitables du nouveau projet : c'est, dans un avenir qu'il estime et souhaite prochain, une réglementation collective obligatoire du travail faite par le syndicat et imposée par la majorité du syndicat à l'ensemble des travailleurs de la corporation.

Contre cet espoir et cette conception se manifestent un certain nombre d'objections et M. Perreau, déjà, s'en est fait l'interprète. Je ne dirai pas que je partage toutes les inquiétudes qu'on a exprimées à ce sujet, mais, assurément, je suis convaincu que ce n'est peut-être pas le moyen le plus sûr (*Très bien !*) d'atteindre le but que d'insister avec cette vivacité sur le point d'arrivée. Peut-être, pour faciliter la route, — je ne dissimule pas mes desseins, — peut-être serait-il utile de faire intervenir dans ce projet une idée qui m'est chère, que j'ai eu l'occasion d'exposer déjà à l'Association et qui est celle de l'organisation usinière.

Dans les projets relatifs aux grèves, j'ai indiqué, en effet, que, selon moi, il était tout à fait désirable que, dans l'usine, les ouvriers pussent former un corps organisé, entretenant, par l'intermédiaire |de délégués nommés dans des conditions déterminées, des rapports normaux avec les employeurs, discutant avec eux les conditions du travail. Eh bien ! il me paraîtrait tout à fait utile, dans l'intérêt même des idées que développaient tout à l'heure M. l'abbé Lemire et M. Jay, et qui sont, d'ailleurs, à n'en pas douter, contenues en germe dans le projet de loi, pour servir de transition entre le régime actuel et celui qu'ils espèrent, de glisser cette idée de l'organisation, dans l'usine même, des ouvriers et des employés de l'usine.

J'en suis d'autant plus persuadé qu'en me reportant à l'article 20, que M. Ambroise Colin a cité avec tant d'à-propos, je vois qu'il commence ainsi :

« Les syndicats qui sont intervenus comme partie
« à la convention collective relative aux conditions
« du travail peuvent exercer toutes les actions qui
« naissent de cette convention collective en leur
« faveur ou en faveur de leurs membres, avec leur
« consentement ».

Ne peut-il donc y avoir, comme collectivité ouvrière formant une convention collective, d'autres collectivités que les syndicats ? Non, et le projet lui-même l'a prévu, puisque, un peu plus loin, je vois :

« Lorsque la convention collective est intervenue
« entre un syndicat ou une collectivité d'employés et
« plusieurs employeurs... etc. ».

Eh bien ! l'idée que je voulais formuler est celle-ci : non seulement dans l'intérêt même du projet dont nous discutons en ce moment les grandes lignes, mais au point de vue de l'organisation générale ouvrière, c'est-à-dire au point de vue de la paix sociale dans ce pays, il est tout à fait désirable, non seulement qu'on accepte, mais qu'on provoque et qu'on facilite l'organisation dans l'usine des employés et des ouvriers, et il me paraît qu'au moment même où nous allons prévoir des conventions collectives entre l'employeur et la collectivité qu'il emploie, il est tout à fait opportun de rappeler dans le projet, et d'organiser pour les collectivités d'ouvriers ou d'employés qui se trouvent réunis par une communion d'occupations dans une même entreprise ou dans une même usine, la faculté pour eux de se grouper, de se réunir et de passer avec l'employeur une convention collective.

C'est alors qu'acceptant l'idée de M. Jay, sur laquelle je comprends, quant à moi, qu'on fasse quelques réserves, quand il s'agit d'imposer une convention née d'un syndicat, c'est-à-dire d'un groupement hétérogène formé par des unités venant de tous côtés...

M. Perreau. — Nous sommes d'accord.

M. le Président. — Je parle du régime actuel ; je me place au point de vue des faits : je ne fais pas de théorie, je fais des constatations. Je comprends qu'à l'heure actuelle on manifeste des inquiétudes, à l'idée que, lorsque le syndicat, constitué comme il l'est aujourd'hui — je me place dans l'état actuel des choses — a passé une convention, cette convention est imposée du même coup, non seulement aux membres actuels du syndicat, mais, *ad infinitum*, à tous les adhérents. Tandis que je suis convaincu que l'opinion, même patronale, acceptera beaucoup plus aisément que, lorsqu'une convention collective est intervenue dans une usine ou une entreprise entre la collectivité des ouvriers ou employés et l'employeur, cette convention fasse loi, non pas seulement pour les employés et les ouvriers actuels, mais pour tous ceux qui, en entrant ultérieurement dans l'usine ou l'entreprise, accepteront, par là même, toutes les conditions du travail qui y existent. (*Applaudissements.*)

Voilà pourquoi je me permets d'insister sur cette idée que j'ai défendue ailleurs, mais qui me paraît emprunter une force nouvelle et un intérêt plus pressant encore à l'idée même de convention collective, qu'il faut prévoir l'organisation dans l'usine ou dans l'entreprise de la collectivité ouvrière, groupée pour contracter avec le patron, pour passer avec l'employeur une convention collective qui fera loi, et pour aujourd'hui et pour demain ! (*Vifs applaudissements.*)

M. PERREAU. — Je m'excuse de prendre si souvent la parole, mais je me vois obligé de le faire pour défendre les conclusions de mon rapport. Les observations que vient de présenter M. Millerand me dispenseront, d'ailleurs, d'être long, car la plupart d'entre elles constituent la meilleure réponse que j'aurais pu faire et que je n'aurais sans doute pas aussi bien faite aux critiques de mon collègue M. Jay.

Il est toujours difficile de répondre à M. Jay, parce que, se laissant entraîner... je ne dirai pas par son imagination, mais par sa générosité naturelle, il lui arrive de porter le débat jusqu'à des hauteurs peu accessibles. Il se laisse aller à oublier le présent, les difficultés économiques actuelles, pour prévoir un avenir radieux qui se réalisera peut-être, mais sur lequel nous ne pouvons pas compter. Je demande la permission de redescendre sur la terre.

Pour en revenir, donc, au projet actuel, je ferai remarquer d'abord à M. Jay qui, au début, l'avait un peu maltraité, qu'il a bien son utilité, que c'est quelque chose, dans une matière aussi délicate, que de fixer des points de doctrine et de jurisprudence, d'inscrire dans la loi le contrat collectif de travail et d'en reconnaître la validité juridique si longtemps contestée. J'ai le droit de penser que l'œuvre du législateur ne serait pas sans importance, alors même qu'elle se bornerait à fixer des points sur lesquels la jurisprudence est actuellement hésitante.

M. Jay semble estimer, au contraire, que ce serait là très peu de chose si, dans un avenir plus ou moins rapproché, nous ne pouvions aboutir à un régime comparable à celui qui fonctionne dans les colonies anglaises de l'Australasie, en Nouvelle-Zélande, à Victoria, et qui tend à s'introduire dans un Etat plus rapproché de nous. Ce régime nous est connu par des travaux savants, mais qui laissent encore incertains bien des points. Je ne sais trop, mon cher collègue, si cet idéal que vous avez en vue serait bon pour la France. Victoria, qui a rendu les syndicats et le contrat collectif obligatoires, est un pays qui a dû sacrifier à cette conception le développement de son commerce extérieur. C'est une petite société qui vit repliée sur elle-même et qui doit se contenter de son marché national. Je me demande si un pareil régime économique, dont l'avenir se chargera peut-être de nous révéler les inconvénients et les dangers, pourrait fonctionner ailleurs que dans un pays neuf et, particulièrement, dans une vieille société comme la France et l'Angleterre !

Je fais donc, en ce qui concerne la réalisation de votre beau rêve, toutes les réserves nécessaires. Mais, en laissant de côté ces perspectives favorables ou défavorables d'avenir, pour lesquelles nous ne pouvons savoir rien de précis, il me semble que les observations présentées tout à l'heure par M. le Président sont de nature à me donner satisfaction dans une large mesure et à atténuer la portée des objections que j'ai cru devoir adresser au projet. Je veux parler, notamment, du texte qui déclare liés par le contrat collectif, non seulement les syndiqués futurs, mais les syndiqués actuels, sans qu'il soit possible à ceux-ci de se soustraire à l'obligation par un moyen quelconque. Je disais que de semblables clauses étaient de nature à faire naître des inquiétudes légitimes. S'il s'agit des syndicats ouvriers, je comprends que l'application du texte dans les conditions actuelles d'organisation de ces syndicats ne soit peut-être pas aussi dangereuse qu'on pourrait le craindre, et ceci pour une raison très simple : c'est que les syndicats professionnels n'existent en France que depuis 1884, qu'aujourd'hui encore, bien qu'on ne puisse contester les progrès considérables qui ont été réalisés à ce point de vue, leurs cadres ne sont pas extrêmement définis, qu'on y entre à certaines époques, en temps de grève par exemple, qu'on en sort à certaines autres, après le rétablissement de la paix industrielle, qu'on ne paie pas régulièrement les cotisations, et que, s'il fallait, à un moment donné, déterminer pour tel syndicat ouvrier la composition exacte du personnel adhérent, on aurait beaucoup de peine à le faire. De sorte que l'obligation pour les syndiqués de respecter les clauses du contrat collectif serait une obligation qui ne pèserait sans doute pas lourd sur chacun d'eux, parce qu'il serait très difficile, pour ne pas dire impossible, de déterminer ceux qui y seraient astreints ; par suite, la seule sanction de cette obligation, l'éventualité d'une condamnation à des dommages et intérêts, serait illusoire. Ainsi, la portée de votre texte n'est pas extrêmement dangereuse pour les membres d'un syndicat d'employés ; mais je crois qu'il en serait tout autrement pour les membres d'un syndicat patronal. Le pouvoir reconnu au président d'un semblable syndicat de lier par une convention collective, sans que, préalablement, ils aient été consultés, sans qu'ils aient eu à faire connaître leur avis et sans qu'ils puissent ultérieurement s'y soustraire, les membres de ce syndicat, pourrait entraîner bien des fraudes et des abus. C'est là, précisément, l'inquiétude que j'exprimais l'autre jour, en des termes dont vous n'avez pas rappelé toute la modération, car, après avoir dit combien votre texte me paraissait dangereux, j'ai rendu hommage aux motifs qui semblaient l'avoir dicté, signalant ce qu'il pouvait y avoir d'avantageux dans sa disposition, et j'ai conclu : je n'ose pas proposer de solution absolue. J'avais proposé, en effet, une solution transactionnelle que je ne considérais pas comme bonne, mais comme sensiblement moins mauvaise que la vôtre. Et, précisément parce que je me rendais compte de la difficulté qu'il y avait à résoudre le problème d'une manière satisfaisante, je cherchais un moyen terme que, très heureusement, à mon avis, M. le Président vient de pressentir

Il est incontestable que, si la pratique des conseils d'usine venait à se généraliser — car c'est à cela, je crois, qu'il faisait allusion — et si le contrat collectif se concluait à l'intérieur de l'usine, la plupart des objections que l'on peut élever contre le caractère obligatoire du contrat pour tous les syndiqués actuels et futurs disparaîtraient.

Il est encore une observation présentée par M. Jay que je ne puis laisser passer sans réponse. Ne voyez-vous pas, a-t-il dit, que, si vous n'appliquez pas avec le caractère obligatoire et immédiatement le contrat collectif à tous les membres du syndicat partie à la convention, vous nuisez à l'organisation syndicale ?

Je ne le crois pas, et je le dis très nettement. Je suis, autant que quiconque, partisan du développement des syndicats ; je le suis, parce que je considère que le mouvement syndical est la résultante nécessaire et fatale de l'évolution industrielle, et que, sous un régime de production en grand, il est la meilleure garantie de rapports équitables entre le capital et le travail. Je désire donc que les syndicats soient nombreux et puissants, au point de vue ouvrier comme au point de vue patronal, qu'ils deviennent riches et qu'ils soient responsables, parce que possédant.

Voilà mon avis ; je le déclare très nettement. Bien loin d'être un ennemi du mouvement syndical, je considère qu'il y a tout intérêt pour la paix sociale et pour la bonne organisation du travail à ce que ce mouvement soit très développé. Mais je ne suis pas pour autant un fétichiste du syndicalisme et, s'il m'était démontré que telle solution, qui peut favoriser le mouvement syndical, le rendre plus rapide, présente d'un autre côté des inconvénients graves pour une branche de l'industrie nationale, ou qu'elle lèse injustement des intérêts, je reculerais devant cette solution.

Etes-vous bien sûrs d'ailleurs que c'est favoriser l'entrée des ouvriers et des patrons dans les syndicats que de décider, soit à raison de la nature juridique du syndicat, soit à raison d'une clause générale des statuts syndicaux, que tout contrat collectif s'appliquera de plein droit à l'ensemble des syndiqués, sans que ceux-ci, par aucun moyen, puissent y échapper ?

Croyez-vous qu'une telle solution encouragera les employeurs ou les employés à entrer dans un syndicat, dont le président, à un moment quelconque, pourra leur imposer des conditions draconiennes de salaire et de travail, conditions sur lesquelles ils n'auront pas été consultés et à l'application desquelles, pendant 5 ans, ils ne pourront se soustraire ?

Pour les syndicats patronaux, je n'hésite pas : je dis que c'est peut-être leur mort. Cela compromettra non seulement le développement du contrat collectif, mais à coup sûr la formation de syndicats entre 'les employeurs.

Pour les syndicats ouvriers, le danger est moins grave actuellement. Il faut espérer que les chefs des organisations ouvrières s'inspireront toujours des intérêts des diverses catégories de leurs syndiqués et chercheront à concilier de façon équitable ces intérêts multiples au cas où, sur quelques points, ils se trouveraient en opposition les uns avec les autres. Mais si, cependant, pour des raisons que je ne veux pas prévoir, il n'en était pas ainsi quelque jour, croyez-vous que, vraiment, ce pouvoir conféré pour une durée qui peut être de cinq années au président ou au secrétaire général d'un syndicat d'engager *ne varietur* et sans qu'il soit possible de sortir du contrat toute la masse des syndiqués ; croyez-vous que cela soit de nature à encourager le mouvement syndical ? Je ne le crois pas, pour ma part, et il me semble au contraire qu'en acceptant la disposition de votre texte, bien loin de favoriser le développement des syndicats, on s'exposerait à compromettre leur existence. (*Vifs applaudissements.*)

M. Arthur FONTAINE. — Je n'ai à m'expliquer, puisque l'on est d'accord pour sérier les questions, que sur un seul point : sous quelle forme doit être définitivement conclu le traité entre le syndicat des patrons et le syndicat des ouvriers et dans quelles limites doit-il engager les contractants ?

Cependant, tout d'abord, je ne voudrais pas passer sous silence la question qui a été soulevée par M. Millerand. M. Millerand a constaté que le projet parle des collectivités traitant avec les patrons et non pas seulement des syndicats professionnels. En effet, le texte s'applique à tous les groupements d'ouvriers, à tous les groupements de patrons qui pourraient se former et il définit les effets des conventions collectives qui se formeraient entre ces groupements. Le projet n'avait pas à définir les groupements eux-mêmes, de formes variées, ni leur mécanisme interne ; il n'avait pas à indiquer les lois suivant lesquelles chacun d'eux se forme ou délibère. S'agit-il d'un syndicat, c'est la loi du 21 mars 1884 qui intervient ; pour les collectivités qui recourent à la conciliation et à l'arbitrage, c'est la loi du 27 décembre 1892. Pour d'autres collectivités, associations ou sociétés, ce peuvent être la loi de 1901 ou même celle de 1867, qui, complétées par les statuts, définissent le fonctionnement interne.

Parmi toutes ces collectivités, on peut considérer l'ensemble des ouvriers d'une usine recourant soit à la loi de 1884, soit à la loi de 1892 ; soit, dans l'avenir, à la loi proposée par M. Millerand, qui définit l'organisation et les droits de la collectivité d'établissement.

Pour ce groupement de l'usine, M. Millerand accepterait qu'une convention, intervenue entre le patron et les représentants de la collectivité ouvrière, « fasse loi, non pas seulement pour les employés et ouvriers actuels, mais pour tous ceux qui, en entrant ultérieurement dans l'usine ou l'entreprise, accepteront par là même toutes les conditions du travail qui y existent. »

Le projet n'interdit nullement ce genre de convention. Mais pourquoi un patron, traitant avec un syndicat ouvrier, ne pourrait-il pas, si cela lui convient, s'engager à payer un salaire déterminé à tous ses ouvriers, syndiqués ou non, et à n'embaucher pendant une période déterminée qu'à un taux déterminé ? C'est là l'essence de toutes les conventions collectives actuelles.

Je ne prendrai qu'un exemple : les conventions d'Arras, qui ont eu une influence si grande sur les relations entre ouvriers et concessionnaires dans l'industrie houillère. Le syndicat des mineurs du Pas-de-Calais traite avec une douzaine de représentants des Compagnies des Mines du Pas-de-Calais. A quoi s'engagent les Compagnies des Mines du Pas-de-Calais ? S'engagent-elles à assurer un salaire déterminé aux membres du syndicat ? En aucune façon ! Cela n'aurait aucune espèce d'intérêt ! Les Compagnies s'engagent pour tout leur personnel. La convention porte que le salaire moyen des ouvriers à l'abatage de la Compagnie de Lens, par exemple, établi pour une période déterminée, devra ressortir à une somme de... La Compagnie s'est engagée de son plein gré pour tout son personnel, et, quand le syndicat intervient pour faire respecter la convention, il intervient aussi bien pour le personnel syndiqué que pour le personnel non syndiqué. Cette convention a une valeur aussi bien pour le personnel syndiqué que pour le personnel non syndiqué.

Je prendrai donc la discussion de l'article 15 qui a été la matière des objections de M. Perreau et de la réponse de M. Raoul Jay. Je vous demande la permission de le relire, cet article 15. Il est ainsi conçu :

« Sont, à défaut de stipulation contraire expressé-
« ment énoncée dans les statuts des syndicats ou
« dans la convention collective elle-même, considérés
« comme soumis aux obligations résultant de cette

« convention collective les employés et les employeurs
« qui sont, au moment où la convention est passée,
« membres du syndicat ou de la collectivité partie à
« la convention ou qui, postérieurement, adhèrent au
« syndicat ou à la convention. »

Cette lecture doit être complétée par celle de
l'article 12, où il est dit que la convention collective
est conclue par des délégués spécialement mandatés
à cet effet.

Article 12, alinéa premier. — « Préalablement à la
formation du contrat individuel de travail, des conventions collectives de travail peuvent être conclues
entre un ou plusieurs employeurs et un syndicat ou
groupement d'employés, ou entre les représentants
des uns et des autres, spécialement mandatés à cet
effet, soit dans la forme prévue par les statuts des
syndicats, soit par tout autre procédé. »

Que signifient ces deux articles ? D'abord, que le
bureau du syndicat ne peut pas conclure une convention collective sans en avoir reçu expressément le
mandat, des membres de l'association, sous une forme
que déterminent les statuts librement établis par les
syndiqués. Ensuite, que, lorsque les mandataires du
syndicat, régulièrement inve tis du droit de traiter,
concluent une convention collective, les personnes qui
traitent avec eux doivent supposer qu'ils ont pleins
pouvoirs. S'ils ne les ont pas, ces pleins pouvoirs, ils
doivent le déclarer dans la convention, ils doivent
dire : Nous ne pouvons traiter sur tel ou tel point
que *ad referendum*, nous n'avons pas de pouvoirs à
cet effet. L'article 15 prévoit aussi que cette restriction
n'aura pas à être faite dans la convention, si elle
existe dans les statuts des syndicats ; mais peut-être
faudrait-il abandonner cette restriction faite par voie

statutaire ; les personnes avec qui l'on traite peuvent ne pas la connaître, ne pas l'avoir présente à l'esprit. Si le bureau de syndicat prépare un projet de convention sans avoir pouvoir de traiter, s'il ne signe que *ad referendum*, il doit le dire ouvertement, et chacun saura ainsi que la convention n'est pas définitivement conclue.

Est-ce que tout cela signifie que le bureau du syndicat peut, de son initiative, s'engager et engager avec lui les membres du syndicat dans une convention occulte qui va durer cinq années ? Non. Cela signifie simplement qu'on ne traite pas sans savoir ce qu'on fait, que des mandataires, mandatés pour faire un traité, ne peuvent pas être désavoués ensuite par toute personne qui regrettera de s'être engagée. Cela signifie que, quand un bureau de syndicat se présente pour conclure une convention, il ne faut pas que ce soit simplement des gens qui disent : je propose telle chose, je ne sais pas ce que l'on en pense derrière moi ! Il faut que le bureau dise : je propose ceci, mais je parle au nom du syndicat dont je connais le sentiment, parce que je l'ai consulté, dans la forme que prévoient les statuts.

M. Millerand. — Il faut qu'ils agissent ès-qualité.

M. Arthur Fontaine. — Mais on objecte : Ne pensez-vous pas qu'il faudrait un mandat exprès au bureau du syndicat pour chaque convention ? Je pense, en effet, que c'est prudent. Pour ma part, et sans vouloir interdire aux syndiqués de donner un mandat plus général à leur bureau — c'est leur affaire, — je n'aimerais pas à m'engager dans une association qui aurait donné à son bureau un mandat général.

M. Perreau. — Je retiens cette parole.

M. Arthur Fontaine. — Avant de traiter, le bureau

syndical doit donc se faire mandater. On tient ordinairement une assemblée générale et on discute les termes de ce qui sera présenté. Chacun se trouve consulté, la majorité décide ; mais elle n'engage pas la minorité. Celle-ci peut, si elle veut, se retirer du syndicat ; elle en a le droit. Elle peut exiger aussi, sans se retirer du syndicat, que la convention fasse mention que tels et tels membres, expressément désignés, n'y sont pas adhérents. Mais tout cela doit passer avant la signature.

Si on n'agit pas ainsi, qu'est-ce qui arrivera ? Le bureau du syndicat aura conclu un traité et, une fois le traité conclu, d'accord avec ses adhérents, chacun d'eux, individuellement, pourra retirer son engagement. Il est de mauvaise politique, il n'est pas bon pour le développement des syndicats et la moralité de la convention collective que, lorsque la convention collective a été faite, chacun puisse se défiler en disant : Moi, je n'en suis plus ! et qu'il ne reste plus que la carcasse du traité, une convention sans contractant. Voilà ce qu'il ne faut pas ! Il ne faut pas non plus, ce serait encore plus grave, que l'un ou l'autre des syndiqués puisse se retirer au dernier moment, dans le délai de ratification individuelle que prévoyait le second texte de la Commission de la Société d'Études Législatives, et puisse faire ce calcul : La grève est terminée ; il y a 50 braves têtes parmi mes concurrents qui ont accepté des charges, c'est le moment de sortir, j'en ai juste le temps.

Il faut, je le répète, que ce soit avant la signature de la convention que chacun fasse ses calculs et dise à quoi il peut s'engager ; il faut que le bureau du syndicat sache et dise au nom de qui il parle, au nom de qui il fait des propositions précises.

M. Borderel. — Je crois que je n'ai pas besoin d'ajouter une affirmation à ce que disaient notre Président et M. Perreau, à savoir que les syndiqués, à l'heure actuelle, ne représentent à peu près que 5 à 12 % du personnel ouvrier. Ces 5 à 12 % pourraient faire la loi aux 90 autres.

M. Arthur Fontaine. — En aucune façon.

M. Borderel. — Mais, je vous demande pardon.

M. Fagnot. — Ce n'est pas dans le texte.

M. Borderel. — Je suis de l'avis de M. Perreau, quand il disait tout à l'heure : si vous établissez une espèce de solidarité, un lien contractuel entre les membres du syndicat, vous aurez un syndicat de garantie dont les membres sont solidaires, chacun aura la responsabilité pour tous. Mais, quand les membres du syndicat auront la compréhension de leur solidarité, ils se retireront du syndicat et, au lieu d'avoir augmenté ces syndicats — ce que nous désirons tous, — vous les aurez supprimés.

M. Perreau. — M. Fontaine vient d'apporter dans la discussion des précisions et des explications qui n'étaient pas dans l'exposé des motifs du projet ; explications qui nous permettront, sinon de tomber d'accord immédiatement, du moins de bien déterminer les points sur lesquels, je l'espère, ultérieurement l'accord pourra se faire.

Ce que je reproche au texte de l'article 15, ce n'est pas du tout que le syndicat puisse engager les syndiqués par contrat collectif en vertu d'un mandat spécial ; ceci est une autre question.

S'il y avait quelque texte dans le projet qui dît qu'une convention collective impliquera dans chaque cas un mandat spécial, donné par les membres du syndicat aux autorités syndicales en vue d'engager les syndiqués vis-à-vis de l'autre partie contractante, il serait admissible qu'un semblable mandat rendît le contrat collectif obligatoire pour les syndiqués immédiatement et sans qu'ils eussent la possibilité de sortir de la convention. Au moment où, voulant traiter, par exemple, avec tel employeur à la suite d'une grève, le syndicat consulterait ses adhérents au sujet du contrat collectif à conclure, ceux des syndiqués qui n'auraient pas personnellement confiance dans les négociateurs de l'accord auraient, en effet, la faculté d'échapper au contrat collectif futur en se retirant du syndicat.

Mais ce n'est pas là ce que décide le texte : il décide que, soit à raison de la nature juridique du syndicat, soit à raison d'un mandat général résultant d'une clause des statuts, le président du syndicat pourra obtenir des syndiqués, en vue des contrats collectifs ultérieurs à conclure, un véritable blanc-seing. Par l'effet des statuts, le syndicat sera investi d'un mandat général, et non pas spécial, qui permettra à son secrétaire ou à son président de conclure, avec tel ou tel employeur, telle convention collective sur le contenu de laquelle on n'aura pas consulté les membres du syndicat. Voilà contre quoi je m'élève. Je m'élève contre la possibilité, pour le syndicat, de conclure, dans tel cas qui ne pouvait pas être prévu, une convention collective sur laquelle il n'aura pas besoin de consulter les syndiqués et qui liera ceux-ci sans qu'ils puissent s'y soustraire, même en sortant du syndicat. Je me demande alors : Sera-t-il bien prudent de s'engager dans un syndicat, en présence d'une clause permettant un semblable résultat ? Croit-on qu'une telle solution sera de nature à favoriser le développement syndical ? Je pense qu'elle serait plutôt susceptible de nuire à ce développement. J'ajoute, que, si, dans le texte, on apportait des précisions indiquant que le mandat demandé aux syndiqués est un mandat spécial, que, s'il y a un contrat collectif à conclure, les intéressés seront consultés, les objections que je viens de développer perdraient la plus grande partie de leur force. Voilà en quoi les explications de M. Fontaine permettent, sinon de nous mettre immédiatement d'accord, tout au moins de trouver un terrain d'entente.

M. Arthur Fontaine. — Ce à quoi je tiens, ce n'est pas à un mandat qui se trouverait d'avance dans les statuts de tous les syndicats : ce n'est pas du tout la solution que je souhaite !

Un auditeur. — Il fallait le dire !

M. Arthur Fontaine.—Je l'ai déjà dit et je suis en train de le redire. Ce à quoi je tiens, ce n'est pas du tout à ce qu'en entrant dans le syndicat, d'avance on s'engage, par un mandat général, à accepter toutes les décisions du bureau ou de l'assemblée générale. Ce à quoi je tiens, c'est que, lorsqu'on conclut une convention collective, le mandat soit donné avant et non pas après les signatures et que l'on ne se défile pas après des négociations auxquelles on a pris part. Cela me paraît essentiel pour la moralité du contrat collectif.

Une proposition incidente de M. Jay permettra de préciser encore ma pensée. M. Jay disait : « J'accepterais, à la rigueur, un *referendum* après la signature.» Je l'accepterais aussi, sous réserve, je l'ai déjà dit, que l'autre partie soit prévenue que la convention n'était conclue que *ad referendum*.

Mais quelle différence y a-t-il entre ce *referendum* et le droit de sortir individuellement du contrat après les négociations ? Il y a une différence capitale : si le *referendum* est contraire à la convention, il n'y a plus de convention collective, il faut traiter à nouveau. Tandis que le droit pour chacun de se retirer, outre les graves dangers qu'il offre pour la moralité du contrat, supprime la convention collective dans son principe même.

M. PERREAU. — N'y aurait-il pas moyen alors de trouver un terrain d'entente de la façon suivante : ce que nous demandons, c'est que l'on ne puisse pas être lié à l'aveugle, en vertu d'un blanc-seing donné au syndicat. Vous reconnaissez, vous-même, que ce n'est pas désirable. Le projet de la Société d'Etudes Législatives réservait aux syndiqués le moyen de sortir du syndicat après la convention. Ce moyen peut présenter des inconvénients et faciliter certaines fraudes ; mais, en vertu de votre texte, vous permettez d'autres fraudes aussi fréquentes et plus dangereuses encore.

M. Arthur FONTAINE. — Rien ne les empêche de ne pas l'accepter, cette convention.

M. PERREAU. — Pardon, ils n'en ont pas le droit, puisque, en vertu du mandat général résultant soit des statuts syndicaux, soit même simplement de la nature juridique du syndicat, celui-ci peut les engager. S'il était dit par une clause de votre texte que les syndiqués seront consultés avant que la convention collective soit passée, ou, ce qui revient au même, qu'un mandat spécial devra être donné par eux avant la conclusion du contrat collectif, je comprendrais que l'on imposât aux syndiqués actuels le respect des clauses convenues, parce qu'alors ils ne pourraient pas dire qu'ils ont été trompés. Ils auraient donné un mandat dans des conditions précises ; ils auraient montré qu'ils avaient confiance dans les autorités du syndicat. Peut-être que si vous modifiiez dans ce sens votre texte, l'objection qu'il soulève et que je crois déterminante perdrait de sa valeur. Qu'au lieu d'un mandat général, vous exigiez, par exemple, un mandat spécial !

M. Arthur Fontaine. — Qu'entendez-vous par mandat spécial ? On peut exiger un mandat pour chaque convention, mais on ne peut pas en exiger un de chaque personne. Il faut que le mandat puisse être donné en assemblée générale.

M. Perreau. — Ce que j'appelle mandat spécial, c'est un mandat pour telle ou telle convention.

M. Arthur Fontaine. — Je n'y vois pas d'inconvénient.

M. Chambon (rapporteur du projet à la Chambre). — Je désire poser à M. Fontaine une question précise. Ses explications sont bien loin du texte que je m'attendais à le voir défendre. L'article 15 suppose qu'un bureau de syndicat a toujours un mandat général en vue du contrat de travail. Si, quand on lit l'article 15, on voit que le président ou le secrétaire général du syndicat peut très bien passer un contrat collectif pour le syndicat ouvrier, les explications de M. Fontaine sont en désaccord avec le texte.

En effet, M. Fontaine suppose que chaque fois le président est mandaté. Par qui ? Par une majorité de syndiqués. C'est la première fois que, dans cette discussion, on parle de cette majorité économique. La ressource de la minorité, c'est, avant la conclusion de la convention, de se retirer. Mais, lorsque le contrat de travail, au lieu d'être passé pour un syndicat, est passé pour la collectivité ouvrière d'un établissement, je demande à M. Fontaine ce que deviendra la minorité et s'il entend appliquer également cette loi de la majorité économique dans cette hypothèse où la convention de travail n'est pas conclue pour le syndicat, mais pour la collectivité des ouvriers. Une minorité va se former. Quels seront les droits de cette minorité ? Voilà la question que je pose.

M. Arthur FONTAINE. — Nous ne traitons pas actuellement du contrat collectif obligatoire. Il y a, par exemple, dans le projet de M. Millerand sur les grèves, une obligation pour une certaine minorité, une obligation légale de s'incliner devant la majorité des trois quarts. Mais, dans le projet de loi que nous discutons, la collectivité n'engage que les membres qui y sont restés librement avant de conclure.

M. CHAMBON. — Alors, la minorité devra sortir ?

M. Arthur FONTAINE. — Oui, si le patron n'accepte pas des exigences plus fortes. Car il n'est pas à supposer que la minorité refuse la convention, si la majorité a obtenu des conditions meilleures. Oui, la minorité conserve le droit de grève, à moins que l'on ne réglemente la grève par un projet spécial. Mais il n'est pas question de cela ici. C'est tout autre chose. Il s'agit uniquement de définir les conséquences d'une convention collective à laquelle chacun a souscrit librement avant sa conclusion.

M. le PRÉSIDENT. — Il me semble qu'il y a une question qu'on peut régler : lorsque le syndicat ou la collectivité de l'usine est appelé à passer un contrat, est-ce que vous ne croyez pas qu'il est intéressant de déterminer dans quelles conditions la majorité peut se former pour donner mandat de passer la convention ? Car, sans doute, c'est une ressource pour la minorité que de s'en aller, mais c'est une ressource dont on ne peut pas toujours user, et cette minorité sera, le plus souvent, obligée de passer par la volonté de la majorité, comme, à l'heure actuelle, nous disons, nous, que l'ouvrier isolé est obligé de passer par la volonté du patron. Donc, il me paraît qu'il y a intérêt à déterminer dans quelles conditions la majorité doit être formée. (*C'est cela !*)

Quelle est la majorité exigible ? Si vous pensez qu'il suffit de la moitié plus un, il faut le dire. Si, au contraire, comme nous l'avons dit dans un autre projet, vous pensez que dans certains cas il faut une majorité particulière pour engager la totalité des ouvriers, il faut également le dire ; mais je ne crois pas que ce soient des questions qui puissent se traiter par prétérition et il me paraît que ce n'est pas donner aux ouvriers une garantie suffisante que de leur dire : vous faites partie d'une collectivité ; quand la majorité se sera prononcée, vous n'aurez qu'à vous incliner ! Oui, mais à condition qu'on ait déterminé quelle est la majorité et dans quelles conditions elle se forme. (*Applaudissements.*)

M. Arthur FONTAINE. — C'est une question d'arbitrage, de grève.

M. MILLERAND. — Pas du tout ! Permettez-moi de vous dire que, quand la question se pose dans une usine entre la collectivité ouvrière organisée et l'employeur, qu'elle se pose sur un cas de grève ou qu'elle se pose à propos de la formation du contrat de travail, il faut également savoir quelle sera la majorité exigée pour que cette majorité puisse engager l'ensemble de la collectivité ouvrière.

M. Arthur FONTAINE. — La collectivité ouvrière n'engage personne en dehors de ceux qui s'y mettent, tandis que, dans le projet sur la grève et l'arbitrage auquel il est fait allusion, une certaine majorité contraindrait légalement la minorité.

M. MILLERAND. — Je me suis mal expliqué sans doute ; vous êtes 20 ouvriers : 11 ouvriers suffiront-ils à engager les 9 autres ?

M. CHAMBON. — C'est cela !

M. MILLERAND. — Ou bien ne pensez-vous pas — je ne résous pas la question, mais il me paraît qu'il faut la poser et la résoudre — ne pensez-vous pas qu'étant donnée l'importance, précisément, de la question, et alors qu'il va s'agir de trancher à la majorité toutes les conditions du travail, il y a lieu d'exiger une majorité spéciale ? Voilà la question.

M. Arthur FONTAINE. — C'est bien une question de grève, d'arbitrage. Vous recherchez quelle doit être l'importance d'une majorité pour contraindre une minorité. Mais, actuellement, nous examinons des conventions collectives, et nous recherchons comment elles engagent ceux qui les ont signées. Supposons un patron qui se trouve en présence de 20 ouvriers. Il y en a 12 qui disent *oui* ; 8 qui disent *non*. Le patron traite avec les 12 ouvriers qui disent *oui*. Les 8 autres sont libres d'accepter ou de refuser ; ils peuvent travailler, se mettre en grève, ou s'en aller.

M. MILLERAND. — Permettez !

M. Arthur FONTAINE. — En ce moment, c'est tout ce qui peut se passer ; et il en sera ainsi tant que vous n'aurez pas défini par une loi sur la grève, dont vous avez déposé le projet, une situation juridique spéciale pour le groupe formé par les ouvriers d'une usine.

M. Charles BENOIST. — Il se passe quelque chose de mathématique !

M. MILLERAND. — Permettez ! Nous examinons une proposition sur le contrat collectif de travail. Nous avons dit : le contrat collectif pourra intervenir entre un employeur et un syndicat ou un employeur et la collectivité d'ouvriers qu'il emploie. Nous sommes d'accord là-dessus. Seconde question : à quelles conditions cet accord pourra-t-il intervenir ? Suffira-t-il que la moitié plus un de ces ouvriers acceptent ? Vous dites oui, c'est ce qui se passe aujourd'hui. Mais permettez-moi de vous faire remarquer que, aujourd'hui, il n'y a pas de loi sur le contrat collectif de travail. Supposez que 15 ouvriers aient accepté et que 5 aient refusé : la question n'est pas changée. La question n'est pas de savoir s'il n'y aura pas une minorité qui devra accepter les décisions de la majorité, mais si, étant donnée l'importance de la question qui va être tranchée, il n'y a pas, dans l'intérêt de tous, lieu d'exiger une certaine majorité pour protéger tous les droits de la minorité.

M. Arthur FONTAINE. — Il y a deux questions très différentes. Refuser à la majorité d'un syndicat, ou d'une collectivité, le droit de conclure une convention, alors que la minorité conserve le droit de ne pas y adhérer, c'est une question autre que d'obliger la minorité à suivre les décisions de la majorité. En réglementant le droit de grève, vous pouvez exiger une majorité de trois quarts pour contraindre une minorité d'un quart au travail ou à la grève. Mais ici, en empêchant la majorité de conclure, alors que la minorité peut se retirer avant la signature, vous donneriez à la minorité le droit de contraindre la majorité.

M. JAY. — Je crois qu'en ce moment la question essentielle est celle-ci : Doit-on laisser aux statuts du syndicat la liberté de déterminer comme il leur convient les pouvoirs nécessaires pour conclure la convention collective de travail ? Les propositions qui nous ont été apportées par M. Perreau tendent toutes, même ses propositions transactionnelles, à restreindre la liberté des rédacteurs des statuts. En réalité, ces propositions tendent toutes à jeter une espèce d'interdit — le mot n'est pas, je crois, trop fort — sur les statuts du syndicat. Ce qui serait possible dans tout autre acte ne pourrait pas être fait dans les statuts du syndicat. Y a-t-il lieu d'admettre de telles restrictions à la liberté des syndicats ? Vaut-il mieux, au contraire, ce qui est mon sentiment, laisser aux statuts le soin de déterminer dans quelles conditions le contrat collectif pourra être conclu, dans quelles conditions ce contrat sera obligatoire pour tous les syndiqués ? voilà, à mon avis, la question qui se pose.

M. Briat. — Je voulais répondre à M. Perreau sur la thèse qu'il a soutenue que le droit donné aux syndicats de traiter la convention collective de travail pour ses membres pourrait diminuer le nombre des syndiqués et des syndicats. Dans l'histoire comtemporaine de nos syndicats, nous pouvons constater qu'au contraire tous les syndicats ouvriers qui ont passé une convention pour leurs ouvriers ont vu le nombre des syndiqués augmenter. Ainsi, par exemple, nous avons dans l'industrie la Fédération des Travailleurs du Livre. Cette Fédération a continuellement, par des accords entre commissions mixtes, soit diminué la journée du travail — c'est ce qui s'est produit dernièrement pour arriver à la journée de 9 heures — soit augmenté le salaire — et nous avons vu, contrairement à ce que l'on redoute, le nombre des syndiqués augmenter constamment. Dans d'autres industries, chaque fois qu'un syndicat a eu à s'intéresser à des questions de salaire ou d'heures de travail, le même fait s'est produit. Ainsi, dans l'application du décret Millerand du 10 août 1889, des discussions ont eu lieu ; on a discuté les salaires à admettre dans les marchés passés par l'Etat avec les adjudicataires. Chaque fois, les commissions sont arrivées à se mettre d'accord sur les tarifs et le nombre des syndiqués a augmenté. Dans ce cas, plus vous donnez de pouvoir aux syndicats, plus vous favorisez leur développement. Ce n'est pas les diminuer ; au contraire, c'est leur donner l'esprit de responsabilité, c'est leur faire entrevoir les responsabilités qu'ils ont vis-à-vis des syndiqués.

Il y a la question des majorités. Je considère qu'à l'heure actuelle la majorité dans le syndicat se compose de la moitié plus un. Je ne vois pas là une grosse question. Il suffirait de faire comme on l'a fait dans le projet de loi Waldeck-Rousseau-Millerand. On a demandé des garanties pour la minorité, mais je crois que, quand il s'agit de discuter les conditions du travail, nous n'avons pas à demander une majorité spéciale et je serais tenté de demander la même majorité que dans les assemblées politiques.

M. Arthur Fontaine. — C'est une question de statuts.

M. Briat. — Je suis absolument d'accord avec M. Jay pour maintenir les droits des syndicats. Si vous voulez leur donner de la force, il ne faut pas les diminuer, et les propositions de M. Perreau tendraient à les diminuer.

M. Perreau. — Loin de moi l'intention de contester la grande compétence de M. Briat dans les questions syndicales : je rends hommage à cette compétence. M. Briat nous a parlé de la Fédération du

Livre ; mais il s'agit là justement du syndicat modèle de notre organisation française. Ce qui est vrai aujourd'hui de la Fédération du Livre le sera demain, je veux l'espérer, des autres syndicats ; mais il serait téméraire aujourd'hui de raisonner de la Fédération du Livre aux autres syndicats. Je suis partisan du développement syndical ; j'ai suffisamment expliqué pourquoi.

Mais, s'il suffit, pour conclure le contrat collectif, d'une clause dans les statuts du syndicat, par conséquent d'un mandat général exprès dont même on pourrait se passer, puisqu'actuellement, sans aucune clause insérée dans les statuts, personne ne conteste aux syndicats le droit de conclure des contrats collectifs, s'il suffit, dis-je, d'un mandat général, exprimé ou non exprimé, pour qu'un syndicat puisse engager tous ses membres par une convention collective sur les conditions de laquelle ils n'ont pas été consultés, ne pensez-vous pas qu'il y ait dans l'exercice d'un semblable pouvoir un danger pour le syndicat lui-même ? Ne croyez-vous pas qu'il y ait là une entrave très sérieuse au développement syndical, à raison même des craintes, des inquiétudes légitimes de ceux qui, en entrant dans un syndicat, seraient à la merci de la bonne foi, de la prudence et de l'habileté des chefs de ce syndicat ? Ne craignez-vous pas de nuire ainsi au mouvement syndical patronal et ouvrier ? Voilà mon objection. Et j'ajoute : au lieu de permettre au syndicat d'enchaîner ses membres par une convention collective conclue en dehors d'eux et sans qu'ils en connaissent d'avance les conditions, ne vaudrait-il pas mieux que, pour chaque convention collective, le syndicat ait reçu, dans une forme qui reste à déterminer, un mandat spécial de ses membres ?

Je ne conteste pas du tout qu'on doive laisser aux syndicats le droit de conclure des conventions collectives, mais je demande que, pour chaque convention collective, les syndiqués ne soient engagés que s'ils ont été précédemment consultés. J'estime que cela ne nuirait en rien au développement syndical et que cela faciliterait la conclusion et le fonctionnement des contrats collectifs. De plus, cela rendrait les fraudes impossibles et les syndiqués ne seraient pas exposés à devenir victimes de la mauvaise foi ou de la maladresse des autorités du syndicat.

M. Briat. — Nous sommes d'accord pour reconnaître que les syndicats, à l'heure actuelle, ont droit de faire des conventions.

M. Perreau. — Ce n'est pas douteux.

M. Briat. — Ce point acquis, je dis que tous les syndicats qui ont usé de ce droit de faire des conventions ont prospéré. Or, je crois que leur retirer ou leur limiter ce droit serait peut-être nuire justement au développement du syndicat. Je crois qu'entrer dans cette voie serait plutôt léser les intérêts du syndicat.

M. Perreau. — Je n'entends nullement restreindre les droits actuels des syndicats, mais je crois qu'il est nécessaire de prévenir les abus et les fraudes.

M. le Président. — M. Lefas, qui a des observations à présenter et qui ne sera pas là la prochaine fois, me demande à les formuler aujourd'hui.

M. Lefas. — Les observations que j'avais à présenter seraient venues plus justement sur la matière de la rupture et des sanctions du contrat de travail. Cependant elles ne seront pas déplacées en ce moment, car, à propos de la formation du contrat, M. le Président a précisément abordé un ordre d'idées, que M. Fontaine a déclaré devoir trouver sa place dans la rupture et les sanctions du contrat. J'ajoute que la question que je veux soulever me paraît être une question capitale dans la matière du contrat de travail, surtout du contrat collectif ; et que j'aboutirai aux mêmes conclusions que M. Millerand : à savoir que le projet actuel n'est pas complet, il s'en faut de beaucoup. Peut-être même n'est-ce pas un chapitre qu'il y faudrait ajouter, mais tout un titre.

M. Perreau vous disait lui-même tout à l'heure, en parlant des sanctions du contrat de travail, que ces sanctions, tout au moins en ce qui conserne les salariés, étaient illusoires. J'ai cherché quelque chose de plus dans le projet : je n'ai rien trouvé. Dans le contrat de travail, nous voyons bien un obligé, et un obligé pratiquement, au regard duquel la responsabilité morale et au besoin les dommages et intérêts ne sont pas illusoires : c'est l'employeur. Mais, si nous cherchons la contre-partie, elle n'existe pas encore. (*Signe de protestation de M. Fontaine.*)

Permettez ! Ce qui fait, pour une part du moins, l'intérêt du contrat collectif, c'est qu'il peut offrir, avec d'autres avantages pour les ouvriers, un moyen d'établir cette sanction du contrat nécessaire à l'observation loyale de toute convention synallagmatique. Mais l'apportez-vous dans votre projet, cette sanction complète ? Non. Vous ne l'avez pas trouvée. Or, il est nécessaire de la chercher. Notez-le bien, dans le contrat de travail collectif, la responsabilité du patron ne diminue pas : bien loin de là ! Elle devient plus rigoureuse que celle qu'il avait dans le contrat individuel. Que lui promettez-vous en retour, pour le décider à endosser cette responsabilité plus rigoureuse ? Vous ne lui offrez rien, qu'une simple garantie morale. Je dis que, tant que nous n'aurons pas trouvé mieux, nous justifierons les réclamations des patrons et leurs hésitations à s'engager dans la voie des contrats collectifs. Si nous arrivions, au contraire, à résoudre la difficulté, le contrat collectif aurait cause gagnée, de ce coup-là, auprès des employeurs euxmêmes, comme auprès de toute le monde du travail.

Tout l'avenir de ce contrat réside donc dans la sanction dont vous le munirez. Où la trouverons-nous ? L'exposé des motifs de M. Perreau nous fait entrevoir une sanction hypothétique pour l'avenir. Il s'agit du patrimoine des syndicats ouvriers. Mais vous n'ignorez pas que ce patrimoine est, malheureusement, encore loin d'être constitué. Or, ce que nous cherchons, c'est une sanction immédiate et certaine. Peut-on instituer une sorte de faillite, entraînant une résolution générale de tous les engagements envers les collectivités qui, malgré jugement et condamnation, refuseront d'exécuter un contrat collectif signé par elles ? Si on le peut, il ne faut pas hésiter à le faire, dans l'intérêt même du contrat collectif de travail. Si on ne le peut pas, il faudra recourir alors à une réglementation du droit de grève analogue à celle du projet Millerand : la question de grève étant intimement liée à l'observation et à l'exécution des contrats de travail.

Il peut paraître bizarre que nous parlions de la rupture du contrat de travail avant d'avoir traité complètement de sa formation ; mais j'estime que parler de la formation de ce contrat avant de parler des sanctions, c'est mettre la charrue avant les bœufs. Il faudrait commencer par établir des sanctions pratiques et sérieuses, des deux côtés, en ce qui touche l'observation du contrat du travail collectif ; et à ce

moment, quand vous aurez trouvé les sanctions à
appliquer, tout ira bien. Autrement, vous n'aurez
posé, comme le disait M. Charles Benoist, que des
données métaphysiques.

M. Charles BENOIST. — Avec des conséquences
mathématiques, ce qui est bien plus grave.

M. LEFAS. — M. Perreau insistait sur l'interprétation abusive que l'on pourrait tirer de l'article 11 du
projet. Ne voyez-vous pas qu'à l'heure actuelle, cet
article rendrait impossible l'exercice du droit de
grève tel qu'il existe dans nos mœurs ? En effet, il n'est
guère mis fin à une grève que sous la pression des
besoins éprouvés par une des parties. Eh bien ! avec
votre article 11 du projet, si c'est le patron qui a capi-
tulé, il plaidera ensuite la rupture de ses engagements devant les tribunaux, en prétendant que l'on a
abusé de sa situation pour lui forcer la main. Si c'est,
au contraire, l'ouvrier qui a dû céder, lui aussi plaidera, et tiendra le même langage en sens inverse.
Vous voyez par là combien la formation du contrat
de travail et la question du droit de grève sont intimement liées. On ne peut pas toucher à l'une sans
aborder l'autre.

C'est pourquoi je disais tout à l'heure que ce n'est
pas seulement un chapitre de plus qu'il vous faudrait
pour parfaire votre projet du contrat de travail ; mais
tout un titre de loi, comprenant notamment l'exercice et
la réglementation du droit de grève ou de lock-out,
l'établissement et le statut des corporations usinières,
que vient d'évoquer très heureusement M. Millerand.
Je crois que, tant que l'on n'aura pas abordé ces questions qui, pour ne pas faire corps avec le projet actuel,
le dominent de beaucoup et s'imposent à lui ; tant

que l'on n'aura pas épuisé, dis-je, cette discussion préalable, on n'aura pas abordé la difficulté au fond ; on ne sera pas entré dans l'ordre d'idées, le plus difficile, j'en conviens, mais aussi le plus nécessaire au développement futur du contrat collectif de travail.

Séance du 9 Mars 1907

M. Fagnot. — Mesdames, Messieurs, après le rapport juridique que M. le professeur Perreau vous a présenté, avec sa haute compétence, sur l'ensemble du projet de loi, je dois à mon tour étudier le projet en me plaçant au point de vue économique et social. Toutefois, avec l'approbation de notre Comité, et pour continuer et achever d'abord l'important débat qui a occupé la dernière séance, je n'examinerai aujourd'hui que la partie vraiment nouvelle du projet, c'est-à-dire le titre II portant sur les conventions collectives relatives aux conditions du travail.

Comme préambule à notre sujet, je voudrais cependant vous soumettre quelques considérations générales sur le contrat de travail et, tout d'abord, essayer de déterminer quelle est la portée sociale du projet de loi.

Par les travaux des jurisconsultes de la Société d'Etudes législatives et par le rapport de M. le professeur Perreau, nous savons qu'au point de vue juridique le projet de loi innove sur plusieurs points et qu'il soulève des problèmes nombreux et complexes. Il est loin, à mon avis, d'offrir un aussi grand intérêt au point de vue économique, tant pour les patrons que pour les ouvriers. On ne peut, en tout cas, le comparer aux lois ouvrières actuellement en vigueur qui, en dehors du salaire, réglementent à peu près toutes les conditions du travail.

Ces lois ont un caractère de protection ouvrière ; elles exercent une action directe sur les conditions du travail ; elles règlent, non le contrat, mais l'objet même du contrat ; elles prévoient un contrôle et édictent des pénalités d'ailleurs insuffisantes contre les patrons qui ne respectent point leurs prescriptions.

Le projet de loi sur le contrat de travail, au contraire, ne constitue qu'un simple cadre légal. Son action sur le mouvement social ne peut être qu'indirecte. Il règle les obligations nées des rapports contractuels, mais il n'entre pas ou il n'entre que très timidement dans l'intimité de ces rapports. Il se borne à offrir aux deux parties une maison plus ou moins confortable, les laissant libres de l'habiter ou non.

Cette liberté, il est vrai, comme beaucoup d'autres, est purement théorique. Dans la réalité, les ouvriers ne sont pas libres de travailler ou de ne pas travailler, et les patrons ne peuvent pas fermer leurs établissements. Par suite, le projet de loi peut avoir des effets utiles. Il remplace la coutume et l'usage par du droit écrit. Il précise et conditionne l'objet, la formation, les effets et la rupture du contrat de travail, le plus important et le plus fréquent de tous les contrats. Il détermine les obligations réciproques des contractants. Mais, encore une fois, ce projet ne peut exercer, par sa nature comme par les sanctions purement civiles qu'il comporte, qu'une action indirecte et même incertaine sur la condition des travailleurs et sur les rapports entre patrons et ouvriers.

Le contrat de travail — j'aborde le second point préliminaire — est-il un contrat ?

Je m'en excuse auprès de M. Perreau et des juris-consultes présents, mais je ne le crois pas. Le contrat de travail n'est pas un contrat et ne peut en être un, au sens habituel du mot. Pourquoi ? Parce que, dans la grande majorité des cas, entre un patron et un ouvrier, l'égalité, l'équilibre, la parité n'existent pas et ne sauraient exister. Ce sont deux hommes, dira-t-on, deux volontés conscientes qui contractent. Sans doute, mais examinons quel est l'objet, quels sont les éléments du contrat. Le patron engage des matières premières, des outils, des capitaux et il assume surtout des responsabilités matérielles. Dans les sociétés anonymes, il n'y a même plus de responsabilité morale pour l'employeur. Et l'ouvrier, qu'engage-t-il ? Il s'engage lui-même, puisque le travail, objet du contrat, est inséparable du travailleur. D'un côté, donc, de la matière, de l'argent et, de l'autre, un être humain qui sent et qui pense. Or, je dis qu'entre des éléments aussi dissemblables, aussi étrangers les uns aux autres, aucun contrat n'est possible.

A la Société d'Etudes législatives, les maîtres du Droit ont naturellement admis que l'acte conclu entre un employeur et un employé était un contrat et ils se sont mis d'accord sur une définition que le gouvernement a placée en tête de son projet. Et cependant, en lisant les travaux de la Société, on voit qu'il subsiste, entre les jurisconsultes, de graves divergences sur la notion du contrat de travail et sur le contenu de cette notion. C'est la doctrine intermédiaire et moyenne, présentée par M. Perreau et soutenue par M. Lyon-Caen, qui a prévalu ; mais, si cette doctrine est plus large, plus avancée que ell   e M. Berthélemy, elle est beaucoup moins hardie que la doctrine de M. Raoul Jay ou celle de M. Saleilles (1).

Ce désaccord entre jurisconsultes éminents fournit, à mon avis, un nouvel argument à la thèse d'après laquelle il n'y a pas vraiment contrat bilatéral, c'est--à-dire contrat normal, entre l'employeur et l'employé.

Si cette proposition est exacte dans un grand nombre de cas, il ne faut cependant pas l'étendre et la généraliser démesurément. L'embauchage peut être considéré comme un contrat, notamment dans la petite industrie — non pas dans l'industrie à domicile où, au contraire, il y a prépondérance presque absolue de l'employeur sur l'employé,, — mais dans la petite industrie, dans celle du bâtiment, par exemple, surtout dans les petites localités. Il y a contrat, parce qu'un certain équilibre existe entre le patron et l'ouvrier à la formation du contrat de travail et que, pendant la durée de l'engagement, un certain équilibre se maintient entre les deux parties, même quand l'une ou l'autre veut modifier 'a durée du travail, le taux du salaire ou toute autre condition.

Où le contrat n'est qu'un mot vide de sens, par rupture d'équilibre, absence d'égalité entre l'employeur et l'employé, c'est dans la grande industrie, dans les grandes entreprises commerciales, dans les transports, dans un certain nombre d'établissements de l'industrie moyenne et, à l'autre bout, dans l'industrie à domicile qui, par la distribution de l'énergie électrique, se développera probablement beaucoup.

A l'appui de ces considérations, et pour ne pas rai-

---

(1) Voir *Bulletin de la Société d'Etudes législatives*, Années 1905, 1906 et 1907.

sonner d'une manière purement abstraite, je demande la permission de lire un contrat de travail. Ce document provient d'une maison de construction mécanique située dans la banlieue de Paris, qui occupe 1,200 ouvriers et qui n'est pas plus dure qu'une autre pour son personnel. Le document que voici comprend deux parties : le règlement d'atelier et le contrat de travail, qui est appelé contrat d'embauchage.

Les prescriptions du règlement sont très strictes. A noter que ce règlement est imprimé en caractères qui rappellent ceux des polices d'assurances : ils sont si petits que l'on ne peut que difficilement lire le texte.

Comme le règlement, le contrat est rédigé par l'employeur ; il est imprimé par ses soins. L'ouvrier, s'il veut être embauché, n'a d'autre droit que celui de l'approuver et de le signer.

Voici ce contrat, dans ses dispositions essentielles :

« Il (l'ouvrier) reconnaît et déclare :

3° Conserver le droit absolu de quitter ladite usine au jour qui lui conviendra, une heure après avoir prévenu le contremaître. Il pourra exiger le paiement de ses heures, immédiatement, au moment de son départ, sauf toutes oppositions légales et judiciaires qui pourraient être faites sur ses salaires. »

Il parle haut, cet ouvrier, et doit vous paraître exigeant. Rassurez-vous ; c'est le patron, rédacteur de la formule, qui le fait parler. Quant à lui, patron, il se borne à noter :

« 4° Que, par réciprocité, MM. X... ont, de leur côté, le droit de le remercier ou de le congédier exactement dans les mêmes conditions ».

Pour apprécier le caractère éminemment bilatéral

de ce contrat, il faut savoir que, dans la profession, un délai-congé de huit jours est d'usage courant. Mais goûtez cette dernière ligne :

« Fait double et de *bonne foi* à....., le..... »

Ainsi, dans un acte établi par le patron et imposé par celui-ci à l'ouvrier, on parle de bonne foi ! La réalité, ainsi prise sur le vif, ne me paraît pas très conforme à la théorie juridique sur le contrat de travail.

Quoi qu'il en soit, cette contradiction manifeste entre la théorie et la pratique, contradiction connue de tous et qui heurte notre esprit d'équité, explique assez bien pourquoi, dans la dernière séance, la discussion soulevée par M. l'abbé Lemire nous a conduits, par un accord spontané en quelque sorte, à étudier tout d'abord le titre II du projet de loi dont je me propose maintenant de vous entretenir.

On peut prédire, sans être grand prophète, que la convention collective doit être et sera le contrat de travail de demain. Tout le mouvement moderne l'annonce et le prouve : la volonté des travailleurs organisés, quelque incertaine et confuse qu'elle soit encore, l'opinion des sociologues et de tous les hommes de progrès, l'exemple des pays plus avancés, tels que l'Angleterre. Légiférer sur ce sujet, c'est donc préparer un état social supérieur et faciliter son avènement.

Lorsque l'on aspire comme nous à modifier graduellement l'ordre économique et non à le tranformer soudainement, la convention collective offre ce premier avantage de rétablir, non d'une manière complète, mais dans la mesure du possible, l'égalité entre employeur et employé, lors de la formation du contrat de travail, — cette égalité qui, selon les maîtres du droit, doit être à la base de tout contrat véritable.

Il y a fort peu de conventions collectives écrites et signées par les représentants autorisés des deux parties. C'est cependant la convention collective qui, dès maintenant, sans être formulée, règle et domine en nombre de cas les rapports contractuels entre employeurs et employés. Ce n'est encore qu'un instrument grossier, empirique, établi verbalement sous la pression de la collectivité ouvrière. Il constitue pourtant, sinon l'unique, du moins le meilleur contrepoids à la prépondérance patronale. En fait, à l'heure actuelle, dans une profession et dans une localité données, le patron ne peut pas, à son gré, diminuer le taux des salaires. Il faut reconnaître, d'ailleurs, que, sauf exceptions, il ne cherche pas à le faire. Le voudrait-il qu'il ne le pourrait pas ou ne le pourrait que très difficilement. Pourquoi ? Parce que, un jour, dans un mouvement d'ensemble, avec ou sans grève, la collectivité ouvrière a dit : le salaire sera de 5 francs. — Et le patron, le patron sérieux, embauche à 5 francs.

Donner à la convention collective une valeur légale, régler sa forme et son contenu, délimiter sa durée et ses effets, c'est faire œuvre utile pour l'industrie et pour le pays. Pourtant, je crois fort que, pendant nombre d'années, sa valeur et son développement proviendront moins de la loi que de l'effort collectif des intéressés. La loi est utile, mais elle ne pourra donner des résultats que dans la mesure où employeurs et employés reconnaîtront librement les avantages de la convention collective et voudront la pratiquer.

S'il veut vaincre les résistances du monde patronal à l'égard de la convention collective, le projet de loi doit donner aux employeurs le maximum de garanties légitimes. Cette condition me paraît essentielle. J'ai apporté ici les documents contenant les appréciations des représentants du patronat : compte rendu de l'assemblée des présidents de Chambres de commerce, tenue à Paris, le 10 décembre dernier ; rapports et délibérations d'un certain nombre de chambres de commerce. Les avis sont opposés et même hostiles au projet. Il n'y a pas lieu d'en être autrement surpris. C'est un usage, presque une règle, dans la plupart des Chambres de commerce, de repousser, en principe, presque tous les projets de loi ayant une portée sociale. Ce n'est peut être pas la façon la plus habile de défendre le point de vue patronal. Pourtant, il faut, à mon avis, surtout en l'espèce, examiner les motifs, peser les arguments des employeurs et en tenir compte dans la plus large mesure.

Il importe surtout que, dans la loi sur les conventions collectives, les employeurs ne puissent, de bonne foi, trouver des dispositions qui menacent leur autorité. Bien qu'il ne le disent point, c'est pour eux le point essentiel. A cet égard, la loi doit leur donner de sérieuses garanties. Pour ma part, et bien que placé plutôt au point de vue de l'organisation syndicale du travail, je ne puis sacrifier la direction de l'industrie et ses nécessités. Les patrons, à mon avis, donneraient à leurs critiques une base sérieuse et solide s'ils déclaraient ouvertement que la direction est nécessaire et que le projet leur doit plus de garanties à cet égard. Au lieu de cela, ils font au projet des reproches vagues. Ils n'osent pas dire : nous avons besoin d'autorité et vous nous l'enlevez, ou bien ils le disent dans des formules trop générales, alors qu'il serait plus simple et plus utile de montrer que l'industrie ne peut pas vivre sans direction.

Il n'y a pas lieu d'insister davantage sur ce point. D'autant moins que la convention collective, l'exemple de l'industrie anglaise le prouve surabondamment, ne peut ni énerver l'autorité patronale, ni en diminuer la dose nécessaire et que, par suite, le projet de loi, même dans son titre II, ne peut pas nuire à la direction dans ce qu'elle a de légitime.

Pénétrant au cœur de notre sujet, je voudrais indiquer sommairement les principaux avantages, très réels et très précieux, que présente la convention collective, tant pour les employeurs que pour les employés.

Précédemment nous avons montré que la convention collective peut seule rétablir un certain équilibre entre les deux parties et, par suite, donner réellement au contrat individuel de travail le caractère bilatéral qui lui est attribué juridiquement.

La convention collective est propre à régler, à moraliser la concurrence entre employeurs. Ce second avantage me paraît aussi heureux qu'incontestable. Il sera apprécié à sa valeur, je le crois fermement, par les patrons de bonne foi, de bonne volonté, ceux qui désirent vivre en bons termes avec leurs ouvriers, qui font, au besoin, de sérieux efforts en ce sens, c'est-à-dire, en somme, par la majorité des employeurs.

La concurrence doit porter sur la capacité de la direction et sur les éléments techniques de l'industrie ou du commerce : organisation habile et méthodique de l'établissement, diligence à trouver les débouchés et à servir les clients, suppression des pertes de temps et du « coulage », économie des matières premières, perfectionnement de l'outillage, diminution des frais généraux, abaissement du prix de vente, loyauté dans les transactions, etc. La concurrence ne peut plus se faire au détriment du travailleur. Celui-ci ne veut plus le supporter ; s'il le subit, c'est le vrai moyen d'alimenter les mécontentements, les révoltes et la haine sociale. Quant à l'opinion publique, elle a un sentiment social qui s'oppose et s'opposera de plus en plus à ce que le travailleur fasse les frais de la lutte entre employeurs.

En permettant notamment d'établir un taux minimum des salaires, une durée uniforme du travail, d'abord dans chaque localité ou région pour une même profession, la convention collective est propre à donner à la concurrence le caractère humain qui, à l'heure présente, lui manque absolument. Elle peut faire disparaître ces procédés d'un autre âge que nos généreux pères de 1848 ont condamnés et flétris en parlant, dans le décret sur le marchandage, de l'exploitation de l'homme par l'homme.

Mais la convention collective a un mérite qui, socialement, s'élève à la hauteur d'une vertu : elle est capable d'assurer ou de rétablir les relations normales entre employeurs et employés.

Pour le prouver, il suffit de vous conduire un instant en Angleterre, dans ce pays où, grâce au trade-unionisme, la convention collective ne cesse, depuis quarante ans, de gagner du terrain, sans que, d'ailleurs, il faut le constater, le législateur ait cru utile d'intervenir en sa faveur.

En Angleterre, de 1895 à 1904, soit en dix années, les salaires ont été modifiés 10,591 fois pour un total de 8,400,000 ouvriers. Or, pour 96 pour 100 des ouvriers, les modifications ont été faites, soit par conventions collectives, soit par négociations amiables entre patrons et ouvriers. Il n'y a eu grève, en dix ans, que pour 300,000 hommes.

Pendant la même période, la durée du travail — qui soulève des questions plus difficiles à régler que celles du salaire — la durée du travail a été modifiée 1,532 fois pour 1,445,000 ouvriers. Dans 96,6 pour 100 des cas, la modification s'est faite par convention collective ou par négociations entre patrons et ouvriers. La grève n'a pas atteint la proportion de 4 pour 100.

Ces résultats me paraissent de nature à faire réfléchir les patrons français. Quel est, pour eux, le bien le plus appréciable, sinon la paix de l'atelier, l'entente avec leur personnel ?

Les patrons anglais n'ont admis la convention collective ni pour accélérer le progrès social, ni pour être agréables à leurs ouvriers. Ils ne l'ont admise, au début, que sous la pression de l'organisation syndicale. Et j'incline à croire qu'en France il n'en sera pas autrement. La direction industrielle, comme toute direction, a dans ses attributions le commandement. Or, l'orgueil de l'homme est trop agréablement flatté par le commandement pour que le patron accepte spontanément une mesure qui, à première vue, lui paraît susceptible de diminuer ses prérogatives. Il ne s'y résout, d'honorables individualités mises à part, que devant la résistance ou sous la contrainte de la collectivité qui est en face.

Un motif, d'ordre psychologique, devrait cependant engager les employeurs à pratiquer la convention

collective. En acceptant de discuter et de fixer les
conditions du travail, non plus avec chaque ouvrier
— ce qui ne peut plus se faire, — mais avec les représentants autorisés des ouvriers, c'est-à-dire avec les
administrateurs du syndicat, les employeurs donne-
ront aux employés une satisfaction morale à laquelle
ces derniers seront, au début, très sensibles et qui
contribuera beaucoup à pacifier l'esprit syndical et à
diminuer l'antagonisme entre les deux facteurs de la
production.

En résumé, la convention collective présente trois
avantages que personne ne peut méconnaître : garantie partielle d'équilibre entre la force patronale et la
force ouvrière assurant au contrat individuel de travail un certain caractère bilatéral ; moralisation de la
concurrence entre employeurs ; maintien ou rétablissement de relations normales entre employeurs et employés. D'autre part, dans un état policé, la loi doit
intervenir pour définir et régler les institutions
propres à sauvegarder les intérêts du plus grand
nombre et à favoriser l'entente et l'harmonie entre
tous. Pour ce motifs, je vous proposerai, Messieurs,
d'émettre un vœu en faveur de l'adoption par le Parlement du titre II du projet de loi, sous réserve de
quelques modifications.

Je voudrais maintenant prendre position dans le
débat soulevé par M. l'abbé Lemire et qui a occupé
toute la séance du 16 février.

M. Lemire et M. Raoul Jay voudraient que, par
une disposition impérative de la loi, la convention collective, une fois conclue, devînt la règle obligatoire,

non seulement pour ceux qui sont partie à la convention, mais pour tous les employeurs et les employés de la profession dans la localité.

M. Perreau estime, au contraire — sous réserve de l'extension prévue par l'article 18 du projet qu'il approuve, — que la convention collective ne doit engager que ceux qui lui ont donné leur adhésion, personnellement ou par mandataires.

Pour ma part, je me range du côté de M. Perreau, pour trois motifs principaux.

Voici d'abord un motif d'ordre technique : l'industrie moderne, sous l'influence de la science et des procédés techniques, se modifie sans cesse et les hommes de 50 ans ont été témoins, dans presque toutes les branches de l'industrie, de changements considérables, quelquefois de transformations complètes.

A l'intérieur d'une profession, l'organisation du travail — qui doit forcément s'adapter,, dans chaque établissement, aux travaux à exécuter, à la spécialité de la maison — présente fréquemment de nombreuses modalités, quelquefois de notables différences. Est-il possible, par exemple, qu'une convention collective unique puisse s'appliquer à tous les constructeurs-mécaniciens du département de la Seine ? Dans cette industrie, cinq, dix conventions collectives, sensiblement différentes entre elles, seraient probablement nécessaires pour satisfaire à tous les besoins. Ces conventions auraient certaines dispositions communes, mais les prescriptions spéciales à chacune d'elles seraient beaucoup plus nombreuses.

Dans ces conditions, il me semble impossible que la loi puisse, dans une profession, rendre obligatoire pour tous la convention collective signée par un seul employeur ou même la convention signée par la majorité d'entre eux. Et si plusieurs conventions étaient conclues par le syndicat ouvrier d'une même profession, comme cela se produirait inévitablement dans certains cas, comment choisir la convention qui serait obligatoire pour tous ?

Si je me range du côté de M. Perreau, c'est plus encore pour un motif d'ordre syndical.

Dans la réalité sociale, les syndicats ouvriers ne peuvent obtenir que ce qu'ils savent réclamer, souvent arracher. Il n'y a pas d'amélioration réelle qui ne repose sur l'effort collectif. C'est le seul moyen qui a réussi à l'étranger. Les ouvriers anglais n'ont obtenu la convention collective que par discipline volontaire, volonté tenace, esprit de sacrifice à un intérêt supérieur ; très souvent, il leur a fallu faire grève, risquer et perdre individuellement des situations acceptables pour défendre les intérêts généraux de la profession, pour faire admettre la convention collective par les employeurs.

En imposant la convention collective, la loi endormirait les volontés, les énergies ouvrières. Elle émousserait l'effort, rendrait le dévouement presque inutile, énerverait l'esprit de solidarité chez les travailleurs. Or, la loi sociale, si elle veut porter ses fruits, non seulement ne doit pas contrarier l'effort courageux et méthodique, mais elle doit compter sur lui et faciliter son libre cours.

J'ai lieu de croire que les syndicalistes ardents et sérieux seront de cet avis. Certains syndicalistes, ceux qui demandent que les cieux se rapprochent de nous, soutiendront peut-être une opinion contraire. Les leaders syndicalistes qui ont pratiqué les conventions collectives, qui en connaissent les difficultés, qui en ont signées, ne demandent pas, je crois, que la convention collective puisse engager ni les employeurs, ni même les employés qui, directement ou par mandataires, n'auront pris aucune part à sa conclusion. Remarquez bien qu'en fait et dans un grand nombre de cas la convention collective tendra spontanément à s'étendre, à s'appliquer à toute la profession. C'est précisément le sens de l'article 18 que nous allons examiner. Il serait imprudent et même dangereux, à mon avis, de remplacer cet état de fait par une disposition légale qui le dénaturerait en le forçant.

Enfin, je suis d'accord avec M. Perreau pour un motif d'opportunité, Ici, surtout, nous devons nous placer sur un terrain pratique. Nous avons confiance que nos avis peuvent exercer une certaine action sur l'opinion publique et même sur MM. les membres du Parlement qui suivent nos travaux.

Pouvons-nous demander au législateur de rendre la convention collective obligatoire pour des personnes qui ne la connaissent pas ou qui n'ont pas voulu la connaître ? Cela me paraît chimérique. Le Parlement ne peut pas dire que la convention faite aujourd'hui entre 500 ouvriers et 50 patrons d'une profession sera obligatoire pour les 100 autres patrons et les 1,000 autres ouvriers de la même profession.

Sur un autre point discuté le 16 février et relatif à l'article 15 du projet, une profonde divergence existait entre nous. Aujourd'hui, l'accord est complet. A la suite des observations présentées au cours de la dernière séance par M. Arthur Fontaine, avec l'autorité qui lui valent sa compétence et ses fonctions, M. Perreau a bien voulu faire des concessions et nous allons vous soumettre un nouveau texte de l'article 15 qui a été arrêté en commun.

Ce texte donne aux employeurs une garantie qui ne se trouve pas dans l'article 15 du projet du Gouvernement. Sans ouvrir la porte à la supercherie ou à la fraude, comme aurait pu le faire la formule adoptée par la Société d'Etudes législatives et soutenue ici par M. Perreau, notre texte tient compte du danger signalé par M. Perreau et le prévient. Il stipule essentiellement que la convention collective ne peut engager des mandants, employeurs ou employés, que si ceux-ci ont donné mandat spécial à leurs mandataires. Conclue sous cette condition, la convention collective sera donc incontestablement un acte de bonne foi pleinement voulu par les deux parties contractantes.

Pour bien prouver aux employeurs que nous ne voulons laisser passer aucune disposition qui peut être excessive, j'appelle votre attention sur l'article 18 du projet. Par une pensée audacieuse, l'article 18 dispose que, lorsqu'il n'existe qu'une seule convention collective dans une profession, tous les employeurs et employés de cette profession seront présumés avoir accepté ladite convention.

Ce texte me paraît beaucoup trop large.

Il y a trois sortes de conventions collectives :

1° La convention collective passée entre un syndicat ouvrier bien vivant, représentant réellement la profession, et un syndicat patronal représentant en importance, sinon en nombre, la même profession.

Voilà la convention collective vraiment normale.

2° La convention collective peut être conclue entre un nombre plus ou moins restreint de patrons d'une profession et le syndicat ouvrier de cette profession. Cette convention a moins de valeur.

3° Une autre convention collective, à laquelle on ne peut accorder le bénéfice de l'article 18, est la convention conclue entre un seul patron et ses ouvriers ou le syndicat ouvrier de la profession. Un patron faisant ses affaires, ayant un esprit large, signe une convention collective. La loi peut-elle dire que cette convention sera présumée être la règle dans toute la profession ? Je ne le crois pas.

Dans cette hypothèse, le syndicat ouvrier est certes dans son rôle en s'efforçant de faire accepter la convention par les autres patrons. Il pourra leur dire : La convention signée par votre collègue est considérée par nous comme devant être la règle de la profession. Cette attitude, fort légitime de la part du syndicat ouvrier, ne peut être la nôtre. Ici, nous sommes en face du législateur. Nous lui demandons une règle légale pour la France entière. Sur ce terrain, on ne peut admettre qu'une convention collective signée par un seul patron, même très important, puisse emporter présomption légale d'être la règle générale dans toute la profession. D'ailleurs, l'article 18 pousserait à des chinoiseries. Pour l'empêcher de jouer, un second patron, peut-être le plus infime, n'aurait qu'à conclure avec son personnel une seconde convention collective plus ou moins sérieuse.

Cependant, l'idée qui a inspiré l'article 18 nous paraît juste. Et il suffit de modifier le texte pour l'adapter aux réalités et lui faire produire d'excellents résultats. La convention collective que l'on peut, à bon droit, présumer être la règle de la profession est celle qui a été conclue entre le syndicat des employés et, soit la majorité des employeurs, soit un syndicat d'employeurs. Quand un syndicat d'employeurs a conclu une convention, celle-ci peut être considérée comme la règle de la profession, encore que certains syndicats d'employeurs ne groupent qu'un petit nombre d'adhérents.

Nous vous proposerons, sur l'article 12, une modification de forme dont il est inutile de parler.

***

Je voudrais maintenant examiner la question des sanctions qui a été posée, à la fin de la dernière séance, par M. Lefas, député.

M. Lefas a déclaré que, si les syndicats ouvriers voulaient offrir des garanties matérielles aux employeurs, ceux-ci, loin de faire opposition à la convention collective, ne demanderaient pas mieux que de la pratiquer. Je veux bien partager l'optimisme de M. Lefas, encore qu'il ne s'accorde guère avec les opinions émises par les chambres de commerce. Seulement, sur ce point délicat, il ne faut pas se leurrer. De même qu'un contrat individuel de travail n'est presque jamais un contrat bilatéral, en ce sens que l'influence de l'employeur est habituellement prépondérante, de même, et comme contre-partie en quelque sorte, l'employé n'offrira jamais, même dans une convention collective, les mêmes garanties matérielles que l'employeur. Dans les deux cas, l'égalité complète n'est qu'une chimère.

Mais est-ce bien des sanctions matérielles qu'il faut au patron ? Il n'est pas mû par une pensée de vengeance. Dès lors, de quoi a-t-il vraiment besoin ? Il a besoin de la paix de l'atelier. Il a besoin d'un travail régulier et continu. Il a besoin d'avoir des relations normales avec son personnel. Voilà ce qu'il faut l'aider à obtenir, dans la mesure où nous le pouvons. C'est dans ce but qu'ultérieurement nous examinerons de très près l'article 56 du projet relatif à la grève. Pour l'instant, reconnaissons d'abord qu'il ne peut y avoir, contre l'ouvrier, surtout pris individuellement, des sanctions matérielles suffisantes.

Sous cette réserve, nous devons cependant demander au législateur de prévoir des sanctions civiles contre ceux qui, employés ou employeurs, ne respecteraient pas une convention collective après l'avoir librement discutée et signée. C'est en tout cas notre devoir de rappeler aux syndicats ouvriers qu'il n'y a pas de droits sans responsabilités et que les ouvriers n'accroîtront leurs droits que dans la mesure où ils accepteront les responsabilités qui en découlent. (*Applaudissements*).

A cet égard, voici un trait saisissant, rapporté par M. Paul de Rousiers au cours de l'enquête qu'il fit, en 1895, avec plusieurs collaborateurs, sur les syndicats anglais (1).

Un constructeur de navires de Sunderland devait livrer, en un court délai, un cargo-boat à un armateur allemand. Les ouvriers en profitèrent pour réclamer une augmentation de salaire, alors que les conditions du travail étaient réglées par une convention collective entre l'armateur et la puissante Fédération ouvrière des chaudronniers et constructeurs de navires (*Amalgamated Society of boilers makers and Shipbuilders*). Sur plainte de l'industriel, la Fédération lui fit cette

---

(1) *Le Trade-Unionisme en Angleterre* (Bibliothèque du Musée Social), page 247.

déclaration : Payez l'augmentation demandée, envoyez-nous les comptes et nous vous rembourserons ; la Fédération, signataire de la convention, se charge de la faire respecter. Et la Fédération a remboursé le patron ; elle a même obligé les ouvriers à lui reverser le montant de l'augmentation sous peine d'exclusion de la Fédération. (*Applaudissements*).

Le syndicalisme français, malheureusement, est loin d'avoir une notion aussi précise des responsabilités collectives. Il y a moins de deux ans, dans une industrie parisienne comprenant 10,000 ouvriers et 250 patrons, une convention collective était signée, à la fin d'une longue grève, par les représentants du Syndicat patronal et du Syndicat ouvrier. Outre qu'elle stipulait reconnaissance du Syndicat ouvrier par les patrons, la convention comportait de notables augmentations de salaires. Or, ce syndicat s'est laissé entraîner dans la houle sociale qui s'est produite le 1er mai dernier, déchirant lui-même une convention collective éminemment avantageuse pour ses milliers d'adhérents comme pour lui. Cet exemple montre bien tout le chemin que le syndicalisme doit encore parcourir, en France, pour devenir une force sociale organisée, aussi consciente de ses obligations que de ses droits.

Toutefois, il ne faudrait point, comme on le fait souvent en certains milieux, généraliser l'exemple précédent et affirmer qu'il est impossible de trouver des syndicats soucieux de respecter une convention collective. A côté des syndicats bruyants, portés à prendre une vaine agitation pour de l'action féconde, il existe chez nous, à l'heure actuelle, des syndicats organiques, solides, calmes parce que forts, et avec lesquels les employeurs, en toute sécurité, peuvent signer des conventions collectives. Il en est ainsi, non seulement pour les 170 Syndicats de la Fédération des travailleurs du livre, dont le mérite est hors pair, mais aussi pour les 50 Syndicats de la Fédération des mécaniciens et pour un certain nombre de syndicats de diverses professions.

Un excellent moyen d'accroître, de fortifier la responsabilité syndicale, c'est d'augmenter les droits légaux, non du syndicat mais de la fédération qui les unit. Dans cet ordre d'idées, nous vous proposons d'accorder aux unions de syndicats, reconnues par l'article 5 de la loi de 1884, le droit d'ester en justice. Le syndicat sert surtout à grouper les hommes. C'est une simple unité élémentaire. Du côté patronal comme du côté ouvrier, la vraie force réside dans l'union étroite entre syndicats de même profession, c'est-à-dire dans la fédération. En ce qui concerne les conventions collectives, c'est sur ce grand organisme qu'il faut compter pour assumer des responsabilités. Une fédération ne peut pas laisser protester sa signature.

Mais il est inutile d'insister devant vous sur la supériorité des fédérations syndicales et je suis persuadé que vous serez unanimes à demander pour elles au législateur le droit d'ester en justice. En leur donnant une personnalité civile suffisante, en leur permettant de signer des conventions collectives, le législateur obtiendra un double résultat. Il augmentera les droits des fédérations et, en même temps, il précisera leurs responsabilités.

J'ai achevé ma tâche en ce qui touche le titre II du projet de loi. J'espère vous avoir montré que les conventions collectives présentent un réel intérêt écono-

mique et social, que leur développement offre, tant
pour les employeurs que pour les employés, des avantages certains et, sans exagérer l'importance de l'intervention légale, je pense que vous voudrez bien, après
la discussion qui va s'engager, donner en principe
votre approbation motivée au titre II du projet de loi
sur le contrat de travail. (*Applaudissements*).

M. LE PRÉSIDENT. — M. Fagnot vient de faire son
rapport, et je suis sûr d'être l'interprète de tous en
disant qu'il l'a fait sous une forme extrêmement intéressante et personnelle. C'est sans doute pour l'assemblée une joie des plus grandes de voir que, sur
une question aussi importante que celle qui nous est
soumise, elle peut réunir les opinions de deux rapporteurs comme M. Fagnot et M. Perreau. (*Applaudissements.*)

M. Raoul JAY. — Je voudrais tout d'abord répondre
deux mots à quelques-unes des observations de mon
ami M. Fagnot.

M. Fagnot a fait une critique assez vive des idées
que j'avais, au début de la séance dernière, exposées
après M. l'abbé Lemire.

De toutes les objections qu'il a formulées, une seule,
je l'avoue, me paraît fondée. Il est certain qu'à l'heure
où nous parlons ces idées n'auraient aucune chance
d'être accueillies par la majorité du Parlement. Je suis
le premier à le reconnaître. Je n'ai jamais songé à
tracer un programme immédiatement réalisable.

M. l'abbé Lemire s'était demandé ce que deviendrait
dans un avenir plus ou moins lointain cette réglementation des conditions du travail par l'accord des
intéressés dont le contrat collectif nous offre un intéressant exemple. C'est sur ce terrain que je l'ai suivi.

Je ne puis, au contraire, partager l'opinion de M. Fagnot lorsqu'il nous affirme qu'il sera toujours impossible de donner à la convention collective une sanction légale, parce que l'évolution technique de l'industrie est de telle nature que lui imposer un vêtement rigide serait fatalement gêner ses mouvements, compromettre son développement.

Si l'objection était vraie, elle viserait aussi bien la convention collective purement contractuelle, n'obligeant que ceux qui y sont représentés, que la convention collective transformée par le législateur en une réglementation légale de la profession.

Mais l'objection n'est en réalité valable ni contre l'une ni contre l'autre. Des expériences décisives montrent comment la convention collective est assez souple pour se plier à toutes les évolutions comme à toutes les variétés de l'industrie. Vous savez comment en Angleterre — il faut aller en Angleterre quand on veut trouver la pratique ancienne, par conséquent perfectionnée, du contrat collectif — vous savez comment en Angleterre le principe du contrat collectif sait, lorsqu'il est nécessaire, s'adapter à la diversité, aux changements des procédés industriels, parfois même aux fluctuations du marché.

Le principe du contrat collectif, il ne faut pas l'oublier, c'est uniquement que les conditions du travail, et spécialement le taux du salaire, ne doivent pas être déterminées dans ce *tête-à-tête* que le législateur de 1791 avait prétendu imposer, — entre le patron et l'ouvrier l'inégalité sera souvent trop grande pour qu'il puisse se former entre eux un contrat au sens plein du mot, — mais par un accord intervenu entre le ou les patrons et les représentants de l'ensemble des ouvriers. Ce principe comporte les applications les plus diverses. On a, par exemple, dans les mines anglaises, reconnu que l'application des règles générales, acceptées pour plusieurs années par l'association ouvrière et l'association patronale, pourrait, dans certains cas, se heurter à des difficultés provenant de l'éloignement plus ou moins grand du chantier où l'ouvrier travaille, ou encore des conditions particulières de l'extraction. A-t-on été forcé de renoncer, pour ces cas spéciaux, à l'application du principe ?

En aucune façon. On s'est contenté de donner à des représentants de l'association ouvrière le droit de prescrire, d'accord avec les représentants des patrons, les réajustements de tarifs nécessaires dans chaque cas particulier. L'industrie textile anglaise nous offrirait des exemples plus intéressants encore de la faculté d'adaptation aux temps et aux lieux qui caractérise le principe même du contrat collectif.

Qu'un jour, à certaines conditions, le pouvoir législatif délègue aux organisations syndicales une partie de ses droits. Cette faculté d'adaptation, ne sera pas diminuée. Elle sera seulement appelée à rendre des services nouveaux.

Nous sommes tous ici d'accord pour proclamer que le législateur doit intervenir pour protéger les travailleurs.

Mais, en même temps, il nous faut bien reconnaître qu'à mesure que la législation protectrice des travailleurs se développe, il devient à la fois plus indispensable et plus difficile d'adapter cette législation aux conditions si diverses, si complexes de l'industrie. Le législateur s'en tire en renvoyant à des règlements d'administration publique la solution des questions particulières. N'obtiendrait-on pas de meilleurs résultats en faisant des représentants des ouvriers et des patrons les auxiliaires du législateur ?

Au point de vue artistique — si vous me permettez cette formule — j'ai admiré M. Fagnot lorsqu'il nous a dit : « Les syndicats ne veulent rien devoir qu'à leur propre effort ! »

Et, sans doute, c'est un spectacle qui a quelque beauté, que celui des syndicats répudiant l'appui de la loi, voulant marcher, seuls, à la conquête de leur idéal... Malgré tout, je ne puis pas me désintéresser du sort de ceux qui, peut-être parce qu'ils sont moins doués, moins servis par les circonstances, restent en dehors des syndicats. Je ne puis pas non plus oublier que, même dans des pays où le syndicalisme est plus répandu qu'en France, les ententes syndicales ne sont pas toujours aussi respectées qu'on voudrait le croire.

Je vois ici M. Keufer. Je l'ai entendu nous expliquer au Conseil supérieur du travail comment une convention collective bien intéressante, la convention collective relative à l'apprentissage que la Fédération du livre avait conclue avec les maîtres imprimeurs, n'était pas, en réalité, respectée. Les patrons disaient aux ouvriers : si vous voulez nous forcer à appliquer le contrat, faites grève !

Combien souvent, si nous regardons autour de nous, constaterons-nous la même situation ? Des conventions collectives, qui pourraient assurer, je ne dis pas la paix définitive — il n'y a rien de définitif en ce bas monde ! — mais du moins une paix de plusieurs années restent sans utilité parce que leur respect n'est pas assuré.

J'ai vu cela en Suisse, il y a plus de dix ans. J'y ai entendu déclarer qu'une minorité intransigeante suffisait parfois à paralyser la bonne volonté des majorités les mieux inspirées, que, seule, l'action des pouvoirs publics serait capable de défendre l'œuvre commune des patrons et des ouvriers contre les « côtoyeurs » restés en dehors du contrat pour tirer un malsain profit des engagements loyalement pris par leurs concurrents.

C'est pour ces raisons que, sans insister davantage — j'ai déjà trop insisté, — il me paraîtrait bien imprudent d'écarter dès à présent définitivement les solutions que nous avons cru devoir, M. l'abbé Lemire et moi, signaler à votre attention.

Je reviens au projet actuel. Je suis très heureux des termes dans lesquels M. Fagnot motive la proposition qu'il entend soumettre à notre vote. Il a su, en effet, mettre en relief les deux grandes raisons qui commandent aujourd'hui la généralisation du contrat collectif de travail.

De ces deux raisons, on n'en aperçoit souvent qu'une seule. Il est impossible de ne pas constater que, dans la grande industrie, le contrat collectif est l'instrument nécessaire de toute tractation entre ouvriers et patrons. Il est impossible de ne pas apercevoir que, dans la grande industrie, le contrat de travail individuel n'est guère plus qu'une apparence vaine. Qui niera que, si l'on entend par contrat un accord librement discuté, on doive reconnaître que, dans la grande industrie, le contrat de travail sera collectif ou ne sera pas ?

Mais l'utilité du contrat collectif de travail ne se borne pas à la grande industrie. Le rôle essentiel du contrat collectif, c'est d'être une limitation de la concurrence, de la concurrence entre ouvriers comme de la concurrence entre patrons. Son effet le plus intéressant est de soustraire à l'action de cette double concurrence certains domaines réservés, d'empêcher que l'action de cette concurrence n'entraîne la péjoration des conditions du travail.

En fait, ce n'est pas dans la grande industrie, mais dans les métiers qui avaient conservé quelque chose des traditions corporatives que le contrat collectif est d'abord, au XIX° siècle, apparu, et aujourd'hui c'est peut-être dans la forme de production la plus éloignée de la grande industrie, dans le travail à domicile, que le contrat collectif rendrait le plus de services. Pourquoi ? Parce que nulle part les concurrents ne sont plus nombreux et parfois moins exigeants et que le législateur n'a pas encore osé imposer sa réglementation à cette concurrence particulièrement intense.

M. Fagnot vous a dit qu'il s'était mis d'accord avec M. Fontaine et M. Perreau pour proposer une nouvelle rédaction de l'article 15 du projet. Je préfère et de beaucoup le nouveau texte qui nous est soumis à celui que j'ai, à la dernière séance, combattu avec tout ce que j'ai d'énergie — et je ne le regrette pas. Le texte que l'on nous proposait ou, tout au moins, qu'on nous suggérait... est-ce que c'est la formule ?

M. Perreau. — Non, je m'expliquerai sur ce point.

M. Jay. — Le texte que j'ai combattu à la dernière séance donnait aux membres du syndicat un délai de quatorze jours pour se dégager des liens de la convention collective. Je suis heureux que l'on n'ait pas insisté sur ce point.

M. Perreau. — Il est remplacé par un autre ayant un caractère transactionnel et sur lequel l'accord s'est établi.

M. Jay. — Il est donc bien entendu que, lorsque le contrat collectif aura été signé, personne ne pourra échapper à son application. Tous ceux qui auront été représentés à ce contrat seront immédiatement engagés, et les fraudes lamentables que M. Perreau avait dû prévoir lui-même ne pourront pas se réaliser. L'organisation syndicale sera mise à l'abri des redoutables conséquences qu'aurait pu avoir pour elle la solution aujourd'hui abandonnée. Malgré tout, je ne comprends pas pourquoi on ne laisse pas aux rédacteurs des statuts du syndicat la liberté de déterminer cmme il leur paraîtra utile les conditions auxquelles les syndiqués pourront être obligés. Ou bien le texte nouveau n'a pas de sens, ou bien il veut dire qu'un contrat collectif qui serait conforme aux statuts, mais non aux règles spéciales que vous prévoyez, ne serait pas obligatoire pour les membres du syndicat.

M. PERREAU. — Ce n'est pas le sens du texte transactionnel. Nous voulons substituer au mandat général, dont se contentait le projet, un mandat spécial et c'est sur ce terrain que l'autre jour M. Fontaine, directeur du travail, et moi, nous sommes mis d'accord pour rédiger le texte que vous proposez.

M. JAY. — Je ne le propose pas.

M. PERREAU. — Ou, plus exactement, que vous combattez.

M. CAUWÈS. — Nous voudrions bien connaître le nouveau texte dont on parle.

M. FAGNOT. — Voici le texte :

« Art. 15. — Toute convention collective conclue « en vertu d'un mandat spécial donné dans une forme « collective à déterminer sera considérée comme obli- « geant les employés et leurs employeurs, etc. »

M. JAY. — Je le répète. Je crois qu'il vaudrait mieux laisser aux rédacteurs des statuts syndicaux le soin de déterminer dans quelles conditions le syndicat pourra être valablement représenté. Voyez à quelle conséquence vous aboutissez ! Aujourd'hui — et il en sera encore ainsi demain — il suffira aux directeurs d'un syndicat de se conformer aux statuts pour pouvoir régulièrement donner le signal de la cessation du travail, de la grève. Mais, pour mettre fin au conflit, il leur faudrait, quels que soient les statuts, suivre je ne sais quelle procédure qui reste à déterminer !

Je ne voudrais pas me rasseoir sans indiquer deux points sur lesquels le projet du gouvernement devrait être, à mon avis, complété ou éclairci. Voici le premier. Dans tous les pays où le contrat collectif s'est développé, ce contrat a donné naissance à toute une hiérarchie de commissions mixtes, de tribunaux arbitraux chargés de résoudre les difficultés auxquelles peut donner lieu l'application du contrat collectif. En France, déjà, les volumes consacrés par l'Office du travail à la statistique des grèves et des recours à la conciliation nous fournissent de très intéressants exemples de pareilles créations. Je ne crois pas me tromper en affirmant que le droit commun actuel ne permettrait pas de donner pleine valeur juridique aux décisions prises par ces tribunaux arbitraux. L'on ne peut aujourd'hui compromettre que sur des difficultés déjà nées, sur des conflits existants. Il serait fort intéressant de faire en faveur du contrat collectif de travail une exception à ce droit commun. La Commission de la Société d'Etudes législatives propose la rédaction suivante : « Sont valables les dispositions de la convention collective par lesquelles les adhérents remettent à des arbitres désignés ou à désigner dans des formes déterminées le jugement de tout ou partie des litiges que peut faire naître l'exécution de cette convention ».

Le second point sur lequel il me paraît utile d'appeler l'attention de cette assemblée est plus délicat. Le texte de l'article 15 prévoit que les patrons ou les ouvriers qui n'auront été ni parties ni représentés au contrat collectif pourront y adhérer plus tard. Il est, pour ainsi dire, de la nature du contrat collectif de s'étendre ainsi peu à peu par des adhésions successives. Le texte ne dit rien sur la forme dans laquelle devraient avoir lieu ces adhésions. Comment ce silence serait-il interprété ? Il est difficile de le décider.

Il serait cependant, à mon avis, nécessaire qu'il fût bien entendu que l'adhésion n'a pas besoin d'être expresse, qu'elle peut résulter des circonstances. Et sans doute le meilleur moyen d'éviter toute incertitude d'interprétation serait de s'exprimer nettement sur ce point en disant que l'adhésion peut être tacite, résulter des circonstances.

M. LE PRÉSIDENT. — Je demande, avant de donner la parole à M. Perreau, que vous vouliez bien entendre la lecture des conclusions présentées par M. Fagnot. Je rappelle à l'assemblée qu'il est désirable pour la bonne tenue de nos réunions qu'elles ne se prolongent guère au delà de six heures et qu'en outre une force majeure ne nous permet pas aujourd'hui de la prolonger plus tard.

M. FAGNOT. — Voici le texte complet du projet de vœu :

L'Association nationale pour la Protection légale des Travailleurs,

Après avoir tout d'abord étudié et discuté le titre II du projet de loi sur le contrat de travail, titre consacré aux conventions collectives relatives aux conditions du travail,

Est d'avis :

1. — Que les conventions collectives sont, dans la majorité des cas, seules propres à garantir la plus grande égalité possible entre les deux parties contractantes et, par suite, à donner socialement et dans la réalité au contrat de travail le caractère bilatéral qui lui est reconnu juridiquement ;

2. — Qu'elles peuvent contribuer à moraliser la concurrence entre employeurs et à limiter ses répercussions sur les conditions du travail, au moins dans l'intérieur de chaque profession, par localité ou par région ;

3. — Qu'elles sont capables, dans toute la mesure du possible, d'assurer ou de rétablir les relations normales entre employeurs et employés ;

4. — Qu'en conséquence le titre II du projet de loi mérite dans son ensemble d'être approuvé.

D'autre part, l'Association émet le vœu que le projet de loi soit modifié sur les points suivants :

A. — Dans l'article 12, ajouter : un syndicat ou groupement d'employeurs, dans l'énumération des parties qui peuvent contracter ; stipuler, en outre, que le mandat doit être visé dans la convention lorsque celle-ci est conclue par des représentants de l'une ou l'autre partie ;

B. — Rédiger ainsi l'article 15 : Toute convention collective conclue en vertu d'un mandat spécial donné dans une forme collective à déterminer sera considérée comme obligeant les employeurs et les employés qui sont, au moment où la convention est passée, membres du syndicat ou de la collectivité partie à la convention ou qui postérieurement adhèrent au syndicat ou à la convention ;

C. — L'article 18 devrait être rédigé de telle sorte qu'il signifie ceci : on ne peut présumer qu'une convention collective unique est acceptée tacitement dans toute la profession que lorsqu'il s'agit d'une convention conclue entre la majorité des employeurs intéressés ou un ou plusieurs syndicats d'employeurs, d'une part, et, d'autre part, un ou plusieurs syndicats d'employés.

Enfin l'Association émet le vœu que le droit d'ester en justice soit donné aux unions ou fédérations de syndicats professionnels, afin d'augmenter à la fois leurs droits et leurs responsabilités, notamment en matière de conventions collectives. (Loi de 1884, art. 5.)

M. Perreau. — J'ai la très grande satisfaction de constater que, dans son rapport si intéressant et si modéré, M. Fagnot accepte sur tous les points essentiels les conclusions de mon propre rapport. Il ne subsiste entre nous de désaccord que sur une question de terminologie, M. Fagnot répugnant à voir dans le contrat de travail un véritable contrat. Je reconnais parfaitement que le contrat de travail n'est pas un contrat comme tous les autres. C'est même la raison pour laquelle la Commission instituée par la Société d'Etudes législatives a été amenée à rédiger certaines dispositions de son projet, notamment celle qui étend au contrat de travail l'application de la théorie juridique de la lésion ; pour le même motif, elle a cru devoir réglementer minutieusement ce contrat au point de vue de ses effets et de sa rupture.

Mais, si le contrat de travail est un contrat très spécial en ceci qu'il est conclu entre deux parties dont l'une peut difficilement ne pas le conclure, et en cela aussi qu'il a pour objet non pas une marchandise ordinaire, mais l'exercice même des facultés humaines, il me paraît cependant impossible, au point de vue juridique, de soutenir que le contrat de travail n'est pas un contrat, parce qu'il y aurait parfois inégalité de situation entre les parties. Cette inégalité, incontestable dans un certain nombre de cas, n'empêche pas que, du moment où il y a accord, il y ait contrat. Quand un individu vend son immeuble sous l'empire du besoin, ce qui arrive fréquemment, il est évident qu'il y a contrat, bien que dans cette hypothèse les deux parties n'aient pas la même liberté d'action. Quand un propriétaire hypothèque son bien sous l'empire d'une nécessité absolue, personne ne conteste qu'il y ait contrat. De même, lorsqu'un particulier traite avec une compagnie d'assurances, il y a contrat, bien qu'il n'y ait pas égalité économique entre les parties. De même encore, lorsqu'entre une compagnie de chemin de fer et un particulier intervient un contrat, dont les conditions s'imposent à l'expéditeur parce qu'il n'a pas à sa disposition d'autre moyen de transport, est-ce que les deux parties ont une égale liberté ? Cependant, il y a contrat.

Vous me direz que dans ce dernier cas la loi intervient pour empêcher les abus ; mais le projet que nous discutons a précisément pour objet de faire intervenir la loi en matière de contrat de travail. Il y a donc contrat dans notre cas, contrat dans lequel la volonté des deux parties n'est pas toujours également libre, et qui peut engendrer plus d'un abus, mais contrat tout de même, puisqu'il y a, sur des conditions plus ou moins équitables, accord des volontés. *Coactus voluit, sed voluit*, disaient les anciens légistes. On dira peut-être que c'est là une chicane de juriste ;

sans doute, mais elle peut avoir une répercussion sur les tendances qui animent le législateur en matière de contrat de travail, et il n'était pas inutile de préciser la nuance qui, sur ce point, sépare ma pensée de celle de M. Fagnot.

Ceci dit, et en notre nom à tous deux, puisque nous sommes d'accord dans nos conclusions, je vais essayer de répondre aux objections présentées par mon collègue et ami M. Raoul Jay.

Quels sont, au fond, les points sur lesquels porte la controverse ?

Il y en a trois. Tout d'abord, la nature du contrat collectif pour l'avenir ; en second lieu, le texte de l'article 15 ; enfin, le texte de l'article 18.

En ce qui concerne, d'abord, la nature du contrat collectif, M. Jay ne conteste pas — la chose n'est pas contestable d'ailleurs — qu'actuellement le terme de convention collective soit exact. Mais, fait-il observer, reprenant à son compte l'argumentation de M. l'abbé Lemire, si on envisage l'avenir de cette convention, il est à présumer qu'elle perdra son caractère contractuel pour devenir une véritable réglementation légale. M. l'abbé Lemire ajoutait en précisant : une réglementation qui ne sera pas nécessairement générale, mais plutôt régionale, locale.

En réponse à cette argumentation, je dirai tout d'abord qu'il ne me paraît pas désirable que, dans l'avenir, on arrive à une semblable réglementation légale.

Mieux vaut, à mon avis, le contrat collectif, généralisé si possible. Au point de vue moral comme au point de vue social, une semblable solution me semble d'un ordre plus élevé. M. Jay nous fait remarquer, il est vrai, que le contrat collectif, en tant que contrat,

pourra laisser sans protection un grand nombre de
travailleurs. Il fait allusion particulièrement aux ouvriers à domicile : le contrat collectif n'empêchera
pas, dans bien des cas, l'ouvrier à domicile de subir
des conditions de travail iniques, abusives. Mais, tout
en désirant maintenir le caractère contractuel aux conventions collectives, je ne crois pas qu'il soit nécessaire de laisser le législateur désarmé vis-à-vis des
abus qui pourraient se commettre dans telle ou telle
situation. En ce qui concerne particulièrement le
travail à domicile, je suis d'accord avec M. Jay pour
souhaiter que l'on trouve un mode de réglementation
légale qui puisse supprimer les abus du sweating system. Jusqu'à présent, sans doute, la réglementation
légale n'a pu atteindre le travail à domicile pour bien
des raisons, dont une des moindres n'est pas la difficulté de le soumettre à l'inspection du travail. On a
cependant cherché, en Angleterre notamment, les
moyens de faire disparaître les abus résultant du taux
infime des salaires et de la longueur excessive des
journées de travail. Entrant dans la même voie, je
dis donc simplement : si l'on parvient à trouver les
moyens de réglementer efficacement l'industrie à
domicile, rien n'empêche, au point de vue rationnel,
de le faire. Mais, si la réglementation légale se justifie quand il s'agit d'empêcher la durée de la journée
de travail d'être abusive, ou quand elle a pour but
d'empêcher l'exploitation des ouvriers par l'attribution
de salaires manifestement insuffisants, aucune bonne
raison ne peut justifier la substitution d'une semblable
réglementation légale à la convention collective pour
fixer contractuellement les conditions du travail. Je
souhaite, en d'autres termes, que, réserve faite pour
la réglementation légale destinée à prévenir les abus,

le législateur laisse aux parties le soin de régler elles-mêmes par leur contrat, c'est-à-dire par l'accord de leurs volontés, les conditions de leur concours à l'œuvre de la production. Je ne crois pas qu'il soit désirable de voir dans l'avenir se substituer la réglementation légale au régime actuel du contrat collectif.

Et, d'ailleurs, la réglementation légale des conditions du contrat de travail est-elle à prévoir ? M. Jay nous dit : c'est l'avenir. Sans doute ; mais l'avenir, nous ne le connaissons ni l'un ni l'autre.

Nous légiférons pour le présent. M. Fagnot faisait observer très justement tout à l'heure que notre projet ne doit pas être un épouvantail et que, dans l'intérêt même des réformes projetées, il y a tout un ordre d'idées dans lequel il ne serait pas prudent de s'engager. Contrairement à M. Jay, cet ordre d'idées me semble très difficilement réalisable. Il me paraît malaisé qu'on puisse jamais étendre par voie de réglementation légale le domaine et le champ d'application du contrat collectif.

Pourquoi ? En admettant même que, dans une région, la majorité des employeurs et des employés soit arrivée à des conditions de salaires et de durée de travail uniformes, il arrivera aussi que, dans la même région, d'autres établissements de même nature soient dans l'impossibilité d'accepter ces conditions. Et alors, la conclusion naturelle, c'est que, pour unifier les conditions contractuelles de la production, il faudra, d'autorité, fermer ces établissements.

M. JAY. — Très bien !

M. PERREAU. — C'est ce que je ne saurais admettre. J'admets très bien la disparition d'établissements qui sont dans un état d'infériorité naturelle, quand cette disparition résulte de la concurrence ; mais je n'admets pas que la loi arme leurs concurrents plus forts, afin de permettre à ceux-ci de les faire disparaître. (*Applaudissements.*)

C'est encore une des raisons pour lesquelles il m'apparaît qu'à moins de se résigner à de graves injustices sociales, il est impossible d'accepter la généralisation par voie de réglementation légale des conditions contractuelles de la production. Je crois avoir suffisamment précisé le premier point sur lequel M. Fagnot et moi sommes en désaccord avec M. Jay.

Voici un deuxième point : Il s'agit de l'article 15, au sujet duquel une transaction est intervenue entre M. Fontaine et moi, dans une précédente séance, et grâce à de mutuelles concessions. Pour ma part, combattant sur ce point le projet du gouvernement, j'avais fait observer que le texte de l'article 15 aboutissait à cette conséquence que, pour une durée de cinq années, les membres du syndicat contractant pourraient se trouver engagés par un contrat collectif dont ils n'auraient pas discuté les clauses et auquel ils n'auraient aucun moyen de se soustraire, lors même qu'ils n'auraient pas connu les pourparlers qui auraient amené sa conclusion. Je disais qu'il était excessif et anormal de donner par une simple clause des statuts un semblable blanc-seing aux administrateurs d'un syndicat patronal ou ouvrier, attendu qu'ils peuvent avoir des intérêts opposés à ceux d'autres syndiqués, qu'ils peuvent être imprudents, maladroits, ou corruptibles.

Complétant ma pensée, j'avais rappelé qu'une solution quelque peu différente avait été proposée à la Commission de la Société d'Etudes législatives. Elle consistait en ceci : Admettre que les membres du syndicat fussent engagés par un mandat général résultant des statuts, mais leur permettre de se dégager en quittant le syndicat dans un délai de 15 jours. De cette façon, si la convention conclue par le syndicat ne leur paraissait pas acceptable, ils avaient un moyen de se soustraire à son application.

On a adressé à cette solution une objection dont, très volontiers, j'ai reconnu la portée. On a dit : Les fraudes que vous voulez éviter, vous allez les voir renaître sous une autre forme. Sans doute les syndiqués n'auront plus à craindre d'être engagés contre leur volonté par l'imprudence ou par la mauvaise foi des administrateurs du syndicat, mais ce sont ceux d'entre eux qui, de bonne foi, auront accepté l'engagement contracté qui seront exposés à voir leurs camarades ou leurs concurrents se retirer du syndicat au dernier moment, les laissant soumis aux clauses d'un contrat collectif auquel, subrepticement, eux-mêmes auront eu l'habileté de se soustraire.

Reconnaissant le bien fondé de cette objection, j'ai dit alors à M. Fontaine : Au lieu d'un mandat général, accepteriez-vous un mandat spécial ? En d'autres termes, accepteriez-vous ceci : Il ne suffira plus, pour que tous les membres du syndicat soient engagés par le contrat collectif, qu'il y ait dans les statuts du syndicat une clause disant que le syndicat peut conclure des conventions collectives, il faudra que le syndicat, chaque fois qu'il voudra conclure une convention collective, en réfère aux syndiqués qui, sous une forme quelconque, à déterminer ultérieurement, — car on n'improvise pas un texte en séance — décideront si oui ou non ils veulent donner semblable mandat au syndicat. Les syndiqués ainsi consultés resteront dans le syndicat ou s'en retireront

S'ils restent dans le syndicat, ils auront par ce fait même donné mandat au syndicat de conclure la convention et ils seront engagés. Ils auront été avertis, non pas sans doute des conditions précises du contrat, mais au moins de son but, et, s'ils ont des doutes sur l'habileté ou sur la prudence des administrateurs du syndicat, ils auront eu la possibilité de se soustraire à la convention collective. Ils ne pourront donc pas prétendre qu'ils en sont les victimes.

M. Fontaine a accepté très nettement le mandat spécial. Nous sommes d'accord. C'est ainsi que nous proposons de modifier le texte de l'article 15 à peu près comme suit :

« Toute convention conclue en vertu d'un mandat « spécial, donné dans une forme collective à déter- « miner ultérieurement, engagera... etc. »

Il me semble que nous évitons ainsi des inconvénients multiples et que, sous réserve d'une rédaction à préciser relativement aux conditions dans lesquelles sera donné le mandat collectif spécial, nous échappons aux objections que soulevaient et le texte du projet officiel et celui du projet rédigé par la Commission de la Société d'Etudes législatives.

J'arrive à l'article 18. Ici, ce n'est plus M. Fagnot qui est d'accord avec moi, c'est moi qui suis d'accord avec M. Fagnot, car l'article 18 règle un point que je n'avais pas eu le temps d'envisager dans mon rapport, à raison même de son caractère général et du nombre considérable de questions soulevées par le projet de loi.

Il existe dans ce projet un petit article qui n'a l'air de rien, et dont la disposition est cependant des plus menaçantes. Il est conçu à peu près en ces termes :

Lorsqu'il sera intervenu un contrat collectif entre

un employeur quelconque et un syndicat, ce contrat collectif réglera les rapports des autres employeurs et de l'ensemble des employés pour la profession et la région, à moins de convention contraire émanant des intéressés.

En d'autres termes — je prends l'hypothèse la plus défavorable au projet, — par le fait seul qu'un syndicat composé de 50 membres aura traité avec un petit patron au sujet des conditions de travail et de salaire, ces conditions de travail et de salaire s'imposeront à tous les grands patrons et à tous les syndicats ouvriers de la profession et de la région. Vous voyez le danger ! Vous me direz qu'il est possible de s'y soustraire, grâce à une convention contraire, mais il est parfois très difficile, alors surtout que le contrat de travail est rarement écrit, d'indiquer par un texte formel des conditions contraires. En outre, ce texte peut être un sujet de conflits et de grèves. Si les patrons veulent faire une convention contraire avec leurs ouvriers, ceux-ci ne seront-ils pas amenés à dire : pourquoi cette convention contraire ? Puisque tel patron a conclu telle convention, accepté telles conditions, pourquoi tel autre les refuse-t-il ?

L'article 18 est, je crois, de nature à engendrer ces conflits dans l'avenir. J'ajoute que ce texte sera très difficile à appliquer, parce qu'il est malaisé de déterminer exactement les limites d'une région industrielle. Quand un syndicat unique aura traité, la convention deviendra l'usage dans la région ; mais jusqu'où s'étend la région ? C'est une question particulièrement épineuse à résoudre en France où notre organisation judiciaire, au point de vue professionnel, ne s'est pas suffisamment généralisée et où les ressorts des conseils de prud'hommes ne se rejoignent pas.

Je crois donc plus prudent, si on ne repousse pas complètement le texte de l'article 18, d'en corriger du moins la rédaction. Je préférerais pour ma part qu'on le repoussât, mais dans tous les cas je voudrais que les clauses d'un contrat collectif conclu entre un syndicat unique et un patron unique ne fussent considérées comme étant la loi des contrats individuels pour tous les autres patrons et ouvriers qu'à défaut, non seulement de convention contraire, mais d'usage contraire.

Un auditeur. — Bien entendu.

M. Perreau. — En pareil cas, le texte proposé me paraîtrait inoffensif. Tel qu'il est, il me semble extrêmement dangereux, pour excellentes que puissent être les intentions qui l'ont dicté. Il me paraît que c'est à la bonne volonté des patrons et des ouvriers, à leur accord, à leur désir réciproque d'arrangement qu'il faut demander la généralisation du contrat collectif, et non pas à l'intervention ouverte ou dissimulée du législateur.

Telles sont les explications que j'ai cru nécessaire d'apporter en réponse aux observations présentées par M. Raoul Jay.

M. le Président. — Voulez-vous, Messieurs, que nous adoptions les conclusions générales dont j'ai donné lecture, sauf discussion ? Naturellement, on ne pourra pas mettre aux voix ni discuter les articles du projet : ce serait pratiquement impossible. Les conclusions formulées par M. Fagnot résument simplement les raisons très générales pour lesquelles l'Association serait d'avis de recommander l'adoption du titre II du projet.

M. Arquembourg. — Il me paraît difficile d'adopter

des conclusions générales tendant à proposer l'adoption du titre II du projet, alors que ce titre II n'est adopté par un certain nombre de membres de l'assemblée que sous réserve de modifications qui sont introduites dans le texte du projet. Si nous ne discutons pas les articles, nous ne pourrons pas nous prononcer sur les modifications proposées.

M. LE PRÉSIDENT. — Assurément non. Voici la moralité de nos discussions, si j'ose me servir de ce mot : elles sont traduites par la sténographie, publiées et elles forment des renseignements, des informations pour les personnes qui veulent bien s'y reporter. En adoptant les conclusions que vous propose M. Fagnot, ou en les approuvant, l'Association ne se range à aucun texte, pas plus à celui du projet de loi qu'aux modifications de détail qui ont pu être proposées par tel ou tel de nos collègues. Elle indique simplement sur l'ensemble des dispositions son avis général. Si elle entend ne pas formuler d'avis général, elle peut le dire, et, bien entendu, l'avis de la majorité sera suivi. Mais il me paraît pratiquement impossible qu'on puisse penser à faire adopter à l'assemblée successivement les 56 articles du projet de loi : ce n'est assurément pas pratique. En fait, l'Association peut se contenter de la discussion même qui a eu lieu et qui, d'ailleurs, comme je l'ai indiqué, se poursuivra dans une nouvelle et dernière réunion.

M. ARQUEMBOURG. — Mon observation porte sur ceci : c'est qu'il semble résulter des conclusions que nous approuvons le texte primitif du titre II. Je demanderai que l'on indique d'un mot que le texte est adopté sous réserve des observations faites.

M. CAUWÈS. — Je pense qu'il faut voter les conclusions présentées, mais ces conclusions pourraient être ainsi conçues : l'Association est d'avis qu'une réglementation légale des conventions collectives est désirable pour les motifs indiqués par les rapporteurs.

M. LE PRÉSIDENT. — Conformément au désir exprimé par l'honorable M. Cauwès, je donne seulement lecture de la partie du vœu indiquant les motifs pour lesquels il y a lieu d'approuver dans son ensemble le titre II du projet :

« L'Association Nationale Française pour la Protec-
« tion légale des Travailleurs,

« Après avoir étudié et discuté tout d'abord le
« titre II du projet de loi sur le contrat de travail,
« titre consacré aux conventions collectives relatives
« aux conditions du travail,

« Est d'avis :

« 1° Que les conventions collectives sont, dans la
« majorité des cas, seules propres à garantir la plus
« grande égalité possible entre les deux parties con-
« tractantes et, par suite, à donner socialement et
« dans la réalité au contrat de travail le caractère
« bilatéral qui lui est reconnu juridiquement ;

« 2° Qu'elles peuvent contribuer à moraliser la con-
« currence entre employeurs et à limiter ses réper-
« cussions sur les conditions du travail au moins,
« dans l'intérieur de chaque profession, par localité
« ou par région ;

« 3° Qu'elles sont capables, dans toute la mesure

« du possible, d'assurer ou de rétablir les relations
« normales entre employeurs et employés ;

« 4° Qu'en conséquence, le titre II du projet de loi
« mérite dans son ensemble d'être approuvé ».

Ce texte, mis aux voix, est adopté à l'unanimité.

PRÉSIDENCE DE M. MILLERAND

M. LE PRÉSIDENT. — Avant de donner la parole à M. Fagnot, je tiens à rappeler à l'assemblée que c'est aujourd'hui la quatrième réunion que nous consacrons à l'examen du projet de loi sur le contrat de travail. Ce n'est assurément pas excessif, étant données l'importance et la complexité du sujet. Néanmoins, comme nous avons beaucoup d'autres sujets à aborder et que, d'autre part, il n'est pas, je crois, dans l'intention de l'assemblée d'émettre un vote sur chacun des articles du projet, ce qui demanderait des mois, sinon des années, je me permets de demander aux personnes qui prendront la parole de vouloir bien être aussi brefs et aussi précis que possible, de façon que nous puissions aujourd'hui procéder au vote final et aborder dans la prochaine séance un autre sujet.

M. FAGNOT. — Mesdames, Messieurs, je vais brièvement examiner, au point de vue économique et social, les titres I, III, IV et V du projet de loi du gouvernement sur le contrat de travail. Les questions posées par ces quatre titres sont très nombreuses. Mais je puis me borner, après le rapport juridique de M. le professeur Perreau, à ne vous signaler qu'un certain nombre de points essentiels.

Sur le titre premier, relatif à la formation du contrat de travail, j'ai fort peu à dire. Il suffit de constater d'un mot que le contrat d'équipe ou de commandite, contrat de formation très récente, est l'objet de plusieurs dispositions utiles contenues dans ce titre premier. Plus favorisée que le contrat individuel, cette forme nouvelle et très intéressante du contrat de travail sera donc, presque dès sa naissance, prévue et réglée par la loi. Si je ne puis vous dire en quoi consiste le contrat d'équipe ni vous indiquer les avantages, pour l'employeur autant que pour l'employé, du travail en commandite, je tiens à vous signaler l'article publié par M. Edgard Depître dans le dernier Bulletin de la Société d'Etudes législatives (1).

Il contient des considérations juridiques et sociales sur le contrat d'équipe et, en outre, les propositions de la Société en vue de le définir et de le régler légalement.

Le titre III porte sur le règlement d'atelier. Dans son texte, la Société d'Etudes législatives a simplement effleuré cette grosse et irritante question. Au regard du projet, c'est peut-être la meilleure solution. Le projet du gouvernement a cru devoir, au contraire, traiter le sujet assez longuement.

Le titre III donne une force singulière à la thèse que j'ai soutenue devant vous, le 9 mars. Le règlement d'atelier, en effet, met en pleine lumière, avec la prépondérance de l'employeur sur l'employé, le caractère unilatéral du contrat de travail. Le règlement d'atelier est une loi imposée par le patron à l'ouvrier. L'article 26 le prouve manifestement. Il s'efforce à rétablir, dans la faible mesure où il le peut, l'équilibre entre le patron et l'ouvrier sur le terrain inégal du règlement d'atelier. Pour la première fois, il oblige le patron à consulter le personnel et il prescrit un

____

(1) Année 1907, n° 2, page 173.

affichage et des délais. Il permet aux ouvriers, qui devront subir le règlement, de présenter des observations sur ce dernier. Il institue un certain droit de remontrance. Mais l'article 26 s'arrête là et, dans l'avenir comme par le passé, le patron sera libre de tenir ou de ne pas tenir compte des observations faites par les ouvriers. Il pourra leur imposer le règlement par lui-même rédigé.

Sur le même sujet, l'article 51 (titre V) vise un cas sur lequel il faut immédiatement s'expliquer. Cet article vise, non pas un premier règlement, mais les modifications qui sont apportées au règlement existant. Quand le patron, par sa volonté unique, modifie le règlement, l'article 51 admet que les modifications ne constituent pas une rupture du contrat, si elles sont appliquées sans protestation de la part des employés pendant une durée égale à celle du délai-congé. Sur ce point au moins, qui vise des cas fréquents, je propose un amendement qui sera, je l'espère, appuyé par MM. les jurisconsultes. Toutes les modifications apportées au règlement doivent, à mon avis, entraîner, à la charge de l'employeur, la rupture, en droit, du contrat de travail. En d'autres termes, dans ce cas, les employés doivent être déliés de tout engagement envers l'employeur qui sera tenu de leur accorder le délai-congé s'ils veulent quitter l établissement.

Pour obtenir ce résultat, il suffit de supprimer, dans l'article 51, les mots : « ou appliqué sans protestation « de leur part pendant une durée égale à celle du « délai-congé ».

Le texte étant ainsi amendé, toute modification apportée au règlement d'atelier constituera pour le personnel une cause légitime de rupture.

Dans le projet de loi, le règlement d'atelier est facultatif. Le patron peut, à son gré, établir ou ne pas établir un règlement. Si un règlement est imposé au personnel, il est notamment soumis aux dispositions de l'article 24. Le paragraphe 3 |de cet article vise le délai-congé et le paragraphe 4 est relatif aux amendes. Je propose de supprimer purement et simplement ces deux paragraphes.

En ce qui concerne le délai-congé, nous sommes à peu près tous d'accord ; en tout cas, une opinion précise a été exprimée par MM. les jurisconsultes. Nous demandons que le délai-congé soit l'objet d'une prescription d'ordre public. Dès lors, nous ne pouvons admettre que l'employeur, par voie de règlement d'atelier, puisse modifier ou détruire la règle légale. Le règlement d'atelier ne doit plus parler du délai-congé.

M. Boissard. — Si, pour en augmenter la durée.

M. Fagnot. — A cet égard, l'article 47 est suffisant.

M. Boissard. — Il est bon que le règlement d'atelier puisse augmenter le délai-congé.

M. Fagnot. — Le troisième paragraphe de l'article 24 est inutile ou il signifie implicitement que le délai-congé pourra être supprimé par la seule volonté du patron.

M. Boissard. — Non, puisque l'article 47 dit que le délai-congé ne pourra pas être inférieur à une semaine pour un ouvrier et un mois pour un employé. Du moment où il y a un minimum qui s'impose, le règlement d'atelier ne peut prévoir qu'un délai supérieur.

M. Fagnot. — Il serait plus simple et plus clair, à mon avis, de supprimer le troisième paragraphe de l'article 24, de façon à éviter toute méprise du côté patronal comme du côté ouvrier. Au surplus, c'est se placer dans le système adopté par le projet que de demander qu'en aucun cas le délai-congé légal ne puisse être modifié, en plus ou en moins, par le règlement d'atelier, c'est-à-dire par la volonté d'une seule partie. Dans ma pensée, même pour augmenter la durée du délai légal, il doit y avoir accord préalable des deux parties. C'est pourquoi j'estime que l'article 47 suffit..

M. BORDEREL. — Pardon, mais si vous considérez le règlement d'atelier comme un contrat...

M. FAGNOT. — A mon sens, Monsieur Borderel, ce n'est que par artifice juridique que le règlement d'atelier a pu, jusqu'ici, être considéré comme un élément du contrat.

M. BORDEREL. — Vous parlez de rupture : c'est qu'il y a contrat. Vous dites que, quand on le modifie, il y a évidemment rupture du contrat.

M. FAGNOT. — J'ai commencé par dire — et je ne crois pas que vous, grand industriel, puissiez le contester — que le règlement d'atelier n'est qu'un élément unilatéral du contrat, puisqu'il ne résulte jamais d'une discussion et d'une entente entre les deux parties.

M. BORDEREL. — Pourquoi ? Vous le considérez comme un contrat, puisque vous dites que, s'il est modifié, il y a rupture.

M. FAGNOT. — Etant obligé d'admettre, pour des nécessités pratiques, le règlement d'atelier malgré son caractère unilatéral, je demande que tout au moins ce règlement ne puisse plus viser le délai-congé qui sera désormais réglé par la loi elle-même. Nous aurons d'ailleurs à revenir sur la question dans un instant.

Le quatrième paragraphe de l'article 24 est ainsi conçu :

« 4° S'il existe des pénalités ou amendes, la nature « des pénalités, le taux des amendes, l'emploi qui en « est fait ».

Par cette disposition, le projet maintient au patron le droit de punir. Or, ce droit constitue l'une des causes profondes et permanentes d'irritation entre patrons et ouvriers. En voici un exemple. Tout récemment, en Seine-et-Oise, les 2,000 ouvriers d'un établissement ont fait grève. Pourquoi ? Parce qu'un contremaître avait infligé une amende de 50 centimes à un ouvrier. N'est-ce pas un fait social très grave qu'une grève de cette importance ait pour cause, pour cause initiale tout au moins, une amende de 50 centimes ?

Le texte du gouvernement ne vise les pénalités et les amendes que sous la forme timide de l'article 24. Au contraire, MM. les jurisconsultes ont cru devoir longuement délibérer sur l'amende et ils n'ont pas hésité à donner au patron le droit de punir. Je suis surpris et peiné que les maîtres du droit, qui ont pour noble mission de faire pénétrer tous les jours davantage parmi les hommes l'esprit d'équité et la notion de justice, puissent, dans le domaine économique, donner délibérément à une seule partie le droit de punir l'autre. Les jurisconsultes n'ont pas eu l'occasion — c'est là leur excuse — de constater les abus qui résultent chaque jour de l'exercice de ce droit suranné. Neuf fois sur dix, l'amende n'est pas appliquée par le patron qui, avant de prendre une décision d'une nature aussi irritante, hésite toujours. L'amende est appliquée par les contremaîtres, c'est-à-dire par les sous-officiers de l'industrie. Or, les sous-officiers de l'industrie, comme les sous-officiers de l'armée, sont inévita lement portés à abuser de leur autorité (1).

(1) Voici, d'après la *Statistique des grèves*, pour trois années, le nombre et les résultats des grèves motivées, en tout ou partie, par une demande de suppression ou de diminution des amendes :

ANNÉES	NOMBRE		RÉUSSITES TOTALES OU PARTIELLES		ÉCHECS	
	des GRÈVES	des GRÉVISTES	Grèves	Grévistes	Grèves	Grévistes
1903	19	2.906	12	2.193	7	713
1904	26	16.912	13	5.010	13	11.902
1905	26	21.241	19	18.675	7	2.566
TOTAUX	71	41.059	44	25.878	27	15.181

Les nombres totaux sont les suivants :

	Grèves	Grévistes
Année 1903	567	123.151
— 1904	1.026	271.097
— 1905	830	177.665

Mais voici, contre l'amende, un motif plus propre à frapper des jurisconsultes. Comment ne s'arrêtent-ils pas devant une mesure qui est la confusion manifeste du pouvoir exécutif et du pouvoir judiciaire ? L'analogie me semble permise, bien qu'il s'agisse de simples rapports entre patrons et ouvriers. Non, on ne peut pas donner à la fois au patron le droit de faire la loi, par le règlement d'atelier, et le droit de l'appliquer ou, ce qui est pire, de la faire appliquer par ses représentants. L'esprit de justice s'y refuse absolument et pourtant c'est ce qu'a fait la Société d'Etudes Législatives.

M. PERREAU. — Voulez-vous me permettre de présenter une simple observation, très courte, et qui, d'ailleurs, ne vous sera pas désagréable, je crois ?

M. FAGNOT. — Parfaitement.

M. PERREAU. — Je veux simplement dire ceci. Le texte auquel vous faites allusion n'a été adopté qu'à une voix de majorité par la Commission de la Société d'Etudes législatives chargée de l'élaboration d'un avant-projet sur le contrat de travail. Je puis même ajouter — puisqu'il s'agit d'un fait purement personnel — que j'ai voté contre ce texte. (*Très bien ! Très bien !*)

J'estime, comme vous, que le droit de punir est d'ordre public, que c'est un attribut de la souveraineté, que, par suite, il ne doit pas être reconnu à un simple particulier, dans un intérêt privé. Je dois ajouter, toutefois, que, si cette opinion n'a pas prévalu, c'est qu'elle a soulevé une objection très grave. On a fait observer que, si l'amende ne pouvait figurer parmi les pénalités inscrites au règlement d'atelier, il ne resterait comme sanction des obligations de l'employé que des sanctions insuffisantes ou, au contraire, des sanctions trop graves : la réprimande, qui ne signifie rien, ou la mise à pied et le congé, qui sont des sanctions plus rigoureuses que l'amende. Et on a dit que, dans l'intérêt même des ouvriers, il valait peut-être mieux conserver l'amende, encore qu'elle ait quelque chose de choquant et qu'elle paraisse susceptible d'engendrer des abus. Il semble résulter, a-t-on affirmé, de diverses enquêtes que, dans des usines où les industriels avaient supprimé le système des amendes pour instituer le régime des mises à pied, ce sont les ouvriers eux-mêmes qui ont sollicité le rétablissement des amendes.

C'est cet argument qui a entraîné la majorité de la Commission, et je reconnais qu'il est de nature à faire impression. Je ne m'y suis pas rallié, cependant, et précisément parce que je suis un juriste. (*Très bien !*) J'ai voulu, dans cette circonstance, faire passer l'argument de principe avant les considérations tirées des faits.

M. FAGNOT. — Il m'est vraiment agréable de me trouver une fois de plus, et sur ce point délicat, en parfait accord avec M. le professeur Perreau. Je le remercie d'avoir bien voulu nous déclarer qu'il n'y avait eu, parmi ses collègues, qu'une voix de majorité — majorité que je regrette très vivement — pour donner à un homme qui est juge et partie le droit d'en punir un autre.

Je dois ajouter, puisque M. Perreau ne l'a pas dit, que la Société d'Etudes législatives, si elle a maintenu le droit de punir, l'a cependant limité dans une certaine mesure. Elle propose que, sur ce point, le règlement d'atelier soit homologué par le conseil de prud'hommes et que, en aucun cas, le produit des amendes ne soit utilisé au profit de l'employeur.

Mais il faut aller plus loin, si nous voulons préparer un régime social plus satisfaisant. Il faut enlever au patron le droit de punir. Accordez plus de confiance aux travailleurs. Comptez sur la discipline volontaire, sur la probité de l'immense majorité d'entre eux pour remplir ses devoirs professionnels. Si, pour respecter leur dignité d'homme, vous supprimez les amendes, ils sauront, en retour, par un nouvel effort sur soi, remplir consciencieusement leur besogne quotidienne. Il y aura des exceptions. Pour ceux-là, la mise à pied et le renvoi sont, aux mains du patron, des armes plus que suffisantes. Mais, pour des cas individuels, ne consentez pas à donner, comme on l'a fait jusqu'ici, par un procédé particulièrement grossier, le droit à un contremaître de frapper un homme parce que tel est son bon plaisir. Le régime du bon plaisir ne peut pas plus subsister dans l'industrie que dans l'ordre civil et politique.

Pour ces motifs, je demande la suppression du paragraphe 4 de l'article 24, bien convaincu que vous iriez directement à l'encontre de votre but, qui tend toujours à favoriser la paix sociale et surtout la paix de l'atelier, si vous mainteniez, avec l'amende, un tel ferment de discorde. (*Très bien ! Très bien !*)

M. LE PRÉSIDENT. — Vous faites alors une division dans le paragraphe 4 ? Vous n'éliminez pas d'une façon complète et les pénalités et les amendes ?

M. FAGNOT. — Non, j'admets les retenues pour malfaçons.

M. LE PRÉSIDENT. — Non, pardon ! Le paragraphe 4 dit :

« S'il existe des pénalités ou amendes... »

Je comprends très bien ce que vous avez dit au

sujet des amendes, mais est-ce que tout ce que vous avez dit au sujet des amendes s'applique, dans votre esprit, à toutes les pénalités, même aux réprimandes ?

M. FAGNOT. — Pas du tout !

M. LE PRÉSIDENT. — Alors, il faut faire une division dans le paragraphe 4 et parler de l'amende.

M. FAGNOT. — Parfaitement, j'admets la réprimande, même la réprimande publique.

M. LE PRÉSIDENT. — Donc votre modification au paragraphe 4 vise la suppression de l'amende.

M. FAGNOT. — C'est cela. Comme mesure disciplinaire, j'admets la mise à pied et aussi le renvoi.

M. STROHL. — C'est dangereux !

M. FAGNOT. — Il n'y a pas d'autre solution.

M. BORDEREL. — Le remède est pire que le mal.

M. FAGNOT. — Je ne le crois pas, Monsieur Borderel. En tous cas, c'est un fait qu'à l'heure actuelle il n'y a pas un seul ouvrier organisé qui puisse accepter l'amende.

M. Raoul JAY. — Très bien !

M. FAGNOT. — Une association comme la nôtre doit tenir compte de ce fait que la volonté ouvrière s'est affirmée depuis longtemps contre l'amende.

Cependant, pour faciliter la transition, pour passer du régime actuel qui trop souvent comporte des amendes au régime de l'avenir qui n'en admettra aucune, on pourrait accepter une dérogation à l'interdiction de l'amende, une dérogation dans la forme ingénieuse qui a été proposée par M. le professeur Colin, c'est-à-dire par voie de convention collective. Il peut arriver que, dans quelques cas isolés, les ouvriers préfèrent l'amende à une autre peine disciplinaire. Employeurs et employés intéressés se mettront d'accord sur les amendes qui, pour être licites, devront être prévues et énumérées dans une convention collective. Dans cette forme, on pourrait admettre une exception au régime légal portant interdiction absolue.

M. Fournière. — Je demande à insister sur cette question des amendes.

M. Fagnot. — Voulez-vous me permettre d'achever d'abord mon exposé ?

M. Fournière. — Je n'ai qu'un mot à dire, justement au sujet des amendes.

M. le Président. — Je vous demande à mon tour de vouloir bien attendre la fin de la communication de M. Fagnot. Nous reviendrons sur cette question des amendes.

M. Fournière. — Très volontiers, je croyais qu'on n'y reviendrait plus.

M. Fagnot. — Sur le titre IV, relatif aux effets du contrat de travail, je me bornerai à signaler l'intérêt ou la nouveauté de certains articles.

L'article 33 donne aux employés un droit de contrôle sur les pesées, mesures, vérifications, etc. Cette disposition qui me paraît utile se trouve déjà dans la loi anglaise.

L'article 34 prescrit le paiement des heures d'attente, lorsque l'employé est tenu par l'employeur de rester à sa disposition, soit dans l'atelier, soit hors de l'atelier.

Cette disposition nouvelle est assez audacieuse. Elle est parfaitement juste, en principe ; je ne sais pas si, dans la pratique, elle ne soulèvera pas certaines difficultés. Il est certain que, lorsqu'un patron fait attendre un employé payé aux pièces, cette attente constitue une perte réelle pour l'employé. Et le fait se produit assez fréquemment. Seulement, il se produit sous des formes si variées que l'on peut craindre que l'article 34 ne soit d'une application assez malaisée. (M. Strohl fait un signe de dénégation). Non, Monsieur Strohl, il ne causera aucune difficulté dans une industrie comme la vôtre où tout est réglé mécaniquement, mais il n'en sera peut-être pas de même dans plusieurs autres branches du textile. Allons, par exemple, à Saint-Etienne ou à Lyon et voyons dans quelles conditions l'ouvrier obtient sa pièce. Un délégué du patron le convoque à telle heure pour venir chercher la chaîne ou la trame.

M. STROHL. — C'est le travail à domicile.

M. FAGNOT. — Le texte vise également le travail à domicile. L'employé va donc chercher la trame ; mais l'employeur, pour une cause quelconque, n'est pas libre ; ou bien il est occupé avec d'autres ouvriers à répartir les mêmes fournitures. L'ouvrier perd une heure, deux heures à attendre. Il faudra les lui payer.

M. STROHL. — C'est le travail à domicile.

M. FAGNOT. — L'idée est juste, je le reconnais, mais je devais vous en signaler les difficultés pratiques. Si nous avions un syndicalisme plus vivant, des questions aussi complexes seraient plus facilement réglées par la convention collective.

L'article 35, relatif à la participation aux bénéfices, mérite notre approbation. Quand on veut faire de la philanthropie, il ne faut pas que ce soit avec un masque ; si l'employeur veut établir la participation aux bénéfices, il doit donner à l'ouvrier les moyens de contrôler les éléments du calcul des bénéfices annoncés. Avec cette disposition légale, beaucoup de patrons hésiteront à organiser ce mode de sur-salaire. Il n'y a pas à le regretter, la participation aux bénéfices qui n'est pas établie d'une façon loyale n'étant qu'un trompe-l'œil pour les employés. Sans doute, la communication du bilan de fin d'année présente des inconvénients. Le bilan peut être divulgué et cette divulgation peut nuire au crédit de la maison. Pourtant, je pense à une grande maison, très connue au Musée Social, une de celles qui ont fondé la participation aux bénéfices. Or, je ne crois pas que l'article 35 puisse la gêner, étant disposée sans nul doute à faire connaître les chiffres du bilan à quelques ouvriers délégués par leurs camarades.

Il ne s'agit pas de publier le bilan ni même de le faire connaître à tout le personnel. Le projet exige simplement qu'il soit communiqué aux délégués des ouvriers. On trouvera toujours trois hommes sérieux, offrant au patron toutes les garanties de discrétion que cette mission exige. En tout cas, il faut approuver l'article 35, car la participation aux bénéfices ne mérite pas son nom si elle n'est pas pratiquée dans les conditions prévues par cet article.

M. Borderel. — C'est très juste. Ces ouvriers sont des associés en réalité.

M. Fagnot. — L'article 37 protège les créances de salaire en cas de faillite, liquidation ou déconfiture. Il comble une lacune de la législation actuelle en accordant aux créances de tous les salariés sans exceptions la protection — le privilège, dit le Code civil — qui n'est assurée jusqu'ici qu'aux domestiques et aux employés et ouvriers occupés par des commerçants ou industriels. La réforme est peut-être incomplète en ce qui concerne la durée du privilège pour certaines catégories d'employés. Au lieu de six mois, il faudrait un an pour les ouvriers agricoles, les employés de commerce, les courtiers et voyageurs. D'autre part, le rang de ce privilège devrait être modifié de façon que les créances d'employés soient, en justice, préférées aux créances de propriétaires.

Le projet du gouvernement ne fixe aucun délai pour le paiement des salaires. Le projet de la Société d'Etudes législatives stipule, au contraire, que l'ouvrier doit être payé au plus tard tous les quinze jours et l'employé tous les mois. Cette disposition pourrait être insérée dans la loi, sans soulever aucune opposition.

J'arrive au titre V, relatif à la cessation et à la rupture du contrat de travail, titre qui nous ramène d'abord à la question du délai-congé.

Aux termes de l'article 46, le délai-congé est obligatoire pour les deux parties ; sa durée est fixée à huit jours pour les ouvriers et un mois pour les employés.

Le projet du gouvernement et celui de la Société d'Etudes législatives ne sont pas d'accord. Le projet du gouvernement dit que les délais de huit jours et d'un mois pourront être réduits ou augmentés après entente entre les parties qui formeront, à cet effet, un comité analogue à celui que prévoit la loi du 27 décembre 1892 sur la conciliation et l'arbitrage. Le projet de la Société d'Etudes législatives n'admet que les augmentations ; le délai doit toujours être au moins de huit jours et d'un mois. Le projet de la Société d'Etudes législatives me paraît trop rigoureux et celui du gouvernement, qui l'est moins, l'est encore trop. Ils ne tiennent pas suffisamment compte de la situation actuelle. Certes, il y aurait grand avantage, au point de vue des rapports entre employeurs et employés, à ce que le délai-congé fût une règle absolument générale ; cependant, pour ménager la transition et pour tenir compte des cas exceptionnels, la loi devrait permettre, non seulement de réduire, mais de supprimer complètement le délai-congé. Mais cette dérogation, comme celle relative aux amendes, ne serait valable que si elle était admise par une convention collective...

M. Borderel. — Ou par l'usage !

M. Fagnot. — Oh ! non, pas par l'usage !

M. Borderel. — Cependant, quand il y a un intérêt pour les deux parties consacré par l'usage ?

M. Fagnot. — J'ai ici les résultats de l'enquête du Conseil supérieur du travail. Dans certaines localités, les 4/5 des professions n'ont pas de délai-congé. A Paris, dans l'industrie du bâtiment, que représente parmi nous M. Borderel, le délai-congé est très peu répandu.

M. Borderel. — Il n'y en a même pas !

M. Fagnot. — Il y a des professions, dans la maçonnerie, par exemple, où il ne peut guère s'appliquer.

M. Borderel. — Ah !

M. Fagnot. — On ne voit pas non plus comment l'appliquer aux ouvriers des ports.

M. Borderel. — Et dans toutes les industries saisonnières.

M. Fagnot. — Dans certaines professions, l'obligation du délai-congé serait une mesure ou impraticable ou excessive. Mais, je le répète, ce ne serait que par entente collective seule que la règle légale pourrait être modifiée ou abrogée.

La proposition de M. le professeur Colin, tendant à ce que toute dérogation prévue par la loi ne soit mise en pratique qu'après avoir fait l'objet d'une convention collective, me paraît, en principe, tout à fait ingénieuse et fort acceptable pour les employeurs comme pour les employés. Sous la réserve, bien entendu, que la convention collective remplira certaines conditions quant au nombre des personnes, employeurs et employés, soumises à ses prescriptions.

Les articles 52 et suivants déterminent les droits et les obligations réciproques des parties en cas de rupture du contrat. M. Perreau vous a montré, beaucoup mieux que je ne puis le faire, l'intérêt et l'importance de ces dispositions.

L'article 53 obligera dorénavant le juge à demander à la partie qui a rompu le contrat les motifs de la rupture. Grâce à cette disposition, la loi future ne subira pas devant la Cour de cassation, espérons-le du moins, le sort lamentable de la loi de 1890 qui avait voulu modifier et compléter l'article 1780 du Code civil. Après avoir appliqué cette loi pendant trois ans dans son esprit, la Cour suprême, en 1894, a renversé sa jurisprudence au point qu'elle laissait entendre, dans un arrêt de 1895, entre les lignes de cet arrêt, que le législateur de 1890 avait perdu son temps. Si le législateur avait, en effet, perdu son temps, c'est parce que la Cour de cassation avait cru devoir changer son fusil d'épaule.

L'article 54 vise la rupture abusive du contrat. Sur ce point, je rappelle que le Conseil supérieur du travail a établi une sorte d'échelle des indemnités. Le Conseil supérieur a été très modéré. Il n'a pas suivi M. Raoul Jay, je vous prie de le croire. Il a adopté un vœu présenté par MM. Charles Gide et Arthur Fontaine et dont voici le texte :

« Pour la fixation de l'indemnité à allouer, le juge devra prendre pour base d'évaluation normale, toutes les fois que le chiffre du préjudice ne pourra être établi, le taux d'un jour de salaire pour chaque mois de travail accompli dans l'établissement, toutes réserves faites pour le droit pouvant résulter d'une pension de retraite ».

M. BORDEREL. — Pour les pensions de retraite, c'est seulement quand les ouvriers auraient participé à des versements pour avoir cette retraite.

M. FAGNOT. — Evidemment. Il était bon de rappeler ce texte, qui limite le pouvoir d'appréciation du juge en lui donnant un moyen en quelque sorte automatique de calculer la réparation du préjudice.

***

Nous arrivons ainsi à l'article 56, le dernier et l'un des plus controversés du projet.

Je ne puis vous proposer d'approuver l'article 56 ; mais, avant de vous en dire les raisons, permettez-moi d'exprimer mon opinion sur la grève.

La grève me paraît être, dans l'état actuel et pour longtemps encore, sinon le seul, du moins le meilleur moyen pour le travailleur d'améliorer sa condition.

Et je suis certain, d'ailleurs, qu'en déposant leurs projets, ni le gouvernement, ni la Société d'Etudes législatives, ni la haute personnalité politique qui nous préside n'ont voulu toucher au droit de grève.

M. BORDEREL. — Parfaitement !

M. FAGNOT. — Au surplus, il est impossible d'empêcher les travailleurs de refuser leur concours et de cesser le travail. Mais il y a plus et ceux qui, comme nous, désirent l'amélioration constante du sort de l'ouvrier doivent reconnaître ce qui est prouvé par les faits : la grève est un moyen — un moyen violent, mais un moyen efficace — d'améliorer les conditions du travail et le sort des travailleurs.

L'article 56 pose en principe que la grève n'est qu'une suspension du contrat de travail. Dans un texte de loi, ce principe est éminemment fragile, ainsi que M. Perreau vous l'a montré. Mais le savant professeur, dans sa critique, a peut-être un peu abusé de cette fragilité, car l'article 56, en même temps qu'il pose le principe, contient une disposition qui suffit à le ruiner. L'article 56 dit, en effet, que la grève est une suspension du contrat de travail, sauf manifestation contraire de la volonté de l'une ou de l'autre partie.

Aux termes du premier paragraphe de l'article, la grève qui, en principe, n'est qu'une suspension du contrat vaudra rupture au gré des parties. Par suite, la situation juridique de la grève est déjà très équivoque. Elle devient contradictoire et même inextricable si vous tenez compte des deux autres paragraphes. D'après le second, le refus de recourir à la conciliation est considéré comme une rupture. Or, voici ce qui peut arriver.

Les ouvriers se mettent en grève : il y a seulement

suspension du contrat. Trois jours après, le patron signifie aux ouvriers qu'ils doivent rentrer à l'usine ou qu'ils seront remplacés. Cette signification, aux yeux du tribunal, vaut rupture ; d'autant plus que, si le projet était voté, le patron ne manquerait pas de dire aux ouvriers : Si vous ne rentrez pas, le contrat est rompu de votre fait. Nous sommes au troisième jour de la grève et celle-ci continue. Le sixième jour, les ouvriers, conformément au deuxième paragraphe, recourent à la conciliation, dans l'une des formes prévues par la loi. Le patron repousse la conciliation et déclare que, depuis trois jours, le contrat est rompu du fait des ouvriers. Devant ce refus, les ouvriers intentent une action en justice et réclament réparation du préjudice, en vertu du second paragraphe. Qui, du patron ou des ouvriers, a violé la loi ? Dans cette hypothèse, il semble que le contrat est rompu du fait des ouvriers, après la manifestation contraire du patron le troisième jour et que, par suite, le deuxième paragraphe ne peut plus jouer. Mais alors la loi, au lieu d'apaiser le conflit, l'avive encore. Elle jette de l'huile sur un brasier.

Selon le troisième paragraphe, la grève, suspension du contrat dans l'industrie privée, est *ipso facto* une rupture dans les services publics. Cette contradiction a été vivement relevée dans le monde patronal et non sans quelque raison. Cependant, pour ma part, je ne puis repousser ce paragraphe car, dans un service public, la grève doit être considérée comme la rupture, par les grévistes, du contrat de travail. L'Etat doit assurer les services publics. Ceux-ci, par leur nature, ne peuvent souffrir aucune interruption. Par suite, la grève est une rupture du contrat du fait des grévistes qui peuvent et doivent être remplacés sans délai. L'intérêt général, représenté par l'Etat, doit dominer l'intérêt des employés des services publics. (*Murmures.*)

Rassurez-vous ; nous n'analyserons pas le problème dans toute son ampleur. En principe, on ne peut pas admettre que les employés de l'Etat puissent faire grève sans que la grève entraîne rupture du contrat.

M. Borderel. — C'est le plus mauvais patron.

Un auditeur. — Pourquoi cela ?

M. Fagnot. — Parce que le travail est de nature essentiellement différente. Les employés de l'Etat servent tout le monde, tandis qu'un patron ne sert que trois douzaines de clients. (*Murmures de protestation.*)

D'ailleurs, je glisse sur ce terrain un peu trop brûlant.

M. le Président. — Pour ma part, je me demande la parole.

M. Fagnot. — Je m'excuse d'avoir effleuré ce sujet, car ce n'est pas le jour.

M. le Président. — Au contraire, c'est plus que jamais le jour.

M. Fagnot. — Je reviens à mon sujet, c'est-à-dire à l'article 56 qui traite de la grève en général. Entre le texte du projet officiel et celui de la Société d'Etudes législatives, ce dernier me paraît préférable. Il ne solutionne pas le problème ; il dit : les juges décideront, en matière de grève — j'ajoute en cas de lock-out — s'il y a rupture ou suspension du contrat de travail. Aujourd'hui, la Cour suprême dit : il y a toujours rupture. La Société d'Etudes législatives tient plus compte des faits en disant : il y aura rupture ou suspension, suivant les circonstances de fait.

Dans son rapport, M. Perreau a fait un tableau très fidèle, très vrai, de la grève au point de vue qui nous occupe. Il nous montre les modifications successives de l'état d'esprit de l'ouvrier entre les premiers jours de la grève et le milieu de celle-ci, entre le milieu de la grève et sa fin. De sorte que la loi ne peut pas dire, sans être en contradiction avec les faits, que la grève est toujours une rupture ou qu'elle est toujours une suspension du contrat. Elle est l'un ou l'autre selon les cas et, en chaque cas, selon la volonté changeante des personnes. Ce n'est pas une solution fameuse, je l'avoue, que de dire au juge : vous ferez comme vous pourrez, vous interpréterez l'intention des parties ; néanmoins, je ne crois pas qu'il y en ait de meilleure.

En acceptant la partie essentielle du texte de la Société d'Etudes législatives, je ne puis l'adopter purement et simplement aux lieu et place de celui du projet officiel. S'il est meilleur que ce dernier, ce texte passe sans la résoudre à côté d'une réelle difficulté. C'est très commode, mais nous devons ici donner un avis sur ce point comme sur les autres. Le texte dit :

« Toutefois, la volonté de cesser collectivement le « travail, notifié par l'employé ou l'employeur dans « des conditions à fixer par une loi... »

Ainsi, le texte renvoie à une autre loi à faire.

M. PERREAU. — Je vous abandonne cette partie du texte ; elle ne rend pas la pensée exacte de la commission.

M. FAGNOT. — Alors, je n'insiste pas. Pour les motifs trop imparfaitement exposés devant vous, je me permets, à mon tour, de vous présenter sur l'article 56 un troisième texte qui, d'ailleurs, n'est guère plus satisfaisant, je le crains, que les deux autres ! (*Rires*).

J'en ai l'impression et je vous la donne sans embarras, car, si MM. les jurisconsultes n'ont pu aboutir, je ne puis vraiment pas prétendre à les remplacer. En tout cas, je vous soumets une idée qui, peut-être, en fera germer d'autres.

« Dans les différends collectifs entre employeurs et employés, le licenciement du personnel et la cessation simultanée du travail seront considérés comme une suspension ou une rupture du contrat de travail selon les circonstances de fait. »

Un Auditeur. — Qu'est-ce que cela veut dire ?

M. Fagnot. — Cela veut dire que le juge statuera.

Un Auditeur. — C'est le juge qui fera la loi !

M. Fagnot. — Attendez. Voici la suite :

« Il sera tenu compte notamment de l'intention des parties, des négociations qui auront pu se produire entre elles, du concours donné pour assurer la sécurité, la conservation ou l'entretien de la chose. »

Tel est le critérium plus ou moins suffisant qui est donné au juge pour lui permettre de statuer.

« Dans ces différends, la partie qui veut cesser ou faire cesser le travail doit prévenir l'autre partie en temps utile pour que le délai-congé soit observé. »

Le délai-congé est ainsi maintenu, en principe, même en cas de grève. Cette disposition est grave ; mais je suis convaincu que l'observation du délai-congé, avant la déclaration de la grève, ne peut nuire, ni aux intérêts ouvriers, ni au succès de la grève. Le délai-congé aura pour avantage, du côté ouvrier, de prévenir et de conjurer les grèves inutiles, les grèves dues aux maladies de nerfs, selon le mot de M. Barnes, le secrétaire de la Fédération des mécaniciens anglais. La période du délai-congé permettra d'engager des négociations d'autant plus susceptibles d'aboutir que la grève n'est pas déclarée. La diplomatie doit précéder la guerre, dans l'industrie comme dans la politique extérieure. La grève décrétée brusquement, subitement, est un procédé de mauvais aloi, une arme qui peut se retourner contre l'ouvrier parce que cette soudaineté dans l'attaque fait inévitablement croître la résistance, l'opiniâtreté dans le camp adverse. Pour ces motifs, je vous propose d'affirmer que le délai-congé doit être respecté dans le cas de cessation collective du travail, comme dans le cas de cessation individuelle.

« Si un délai-congé n'est pas en usage, elle doit prévenir l'autre partie trois jours au moins avant la cessation du travail. »

S'il y a lieu d'admettre, pour certaines professions, des exceptions à la règle du délai-congé lorsqu'il s'agit d'une cessation individuelle du travail, nous croyons qu'en cas de grève ou de lock-out un délai minimum de trois jours doit être observé dans ces professions, pour les raisons précédemment indiquées.

Cependant, il y a des cas où la grève notamment peut être commencée sans observer aucun délai :

« Toutefois, les personnes participant à une grève ne sont pas tenues d'observer le délai légal lorsque la morale ou la bonne foi ne permettent pas de continuer l'exécution du contrat... »

Au texte précédent, extrait du projet de la Société d'Etudes Législatives, nous proposons d'ajouter :

« ... ou lorsque l'autre partie a commis des infractions aux lois protectrices du travail. »

Lorsque la grève est motivée par une violation de la loi qui les protège, les ouvriers ont un motif légitime pour cesser immédiatement le travail. Ils veulent faire cesser un scandale. Ils n'ont pas plus à respecter le délai-congé dans ce cas que lorsque la morale est outragée. Si le patron ne respecte pas la loi, l'ouvrier n'a pas à respecter le délai-congé.

Avec le caractère français, ardent et même batailleur, il sera difficile de faire observer le délai-congé en cas de grève. Les travailleurs se soumettraient mieux à cette règle s'il était admis que, dans les cas ci-dessus visés et spécialement lorsque la loi de protection ouvrière est violée, la grève peut être déclarée immédiatement, sans que les grévistes assument une responsabilité civile.

Le dernier paragraphe vise un autre point qui, pour les ouvriers, présente un certain intérêt :

« L'intention de faire grève ou de licencier le personnel peut être signifiée par le ou les représentants d'un syndicat professionnel régulièrement constitué. La signification par le syndicat remplace les significations individuelles pour ceux de ses membres qui sont partie au différend collectif, à condition qu'elle soit faite dans le délai légal et adressée à l'autre partie par lettre recommandée. »

Par cette formule, nous nous rapprochons des faits eux-mêmes, chaque fois du moins que le syndicat intervient dans la grève. Nous reconnaissons au syndicat le droit d'intervenir. La loi dirait au syndicat : Vous avez le droit, en cas de grève, de faire une signification collective au patron et cette signification remplace les significations individuelles.

Arrivé au terme de cet exposé économique, j'ai l'impression que le projet de loi sur le contrat de travail a besoin de patientes études qui le feront mûrir dans l'esprit public, spécialement dans l'esprit des intéressés, employeurs et employés.

En ce moment, les patrons étudient le projet. Malheureusement, si j'en juge d'après les documents publiés jusqu'ici, ils sont en général plus portés à le repousser en bloc qu'à le discuter en détail et avec tout le soin qu'il mérite (1).

M. BORDEREL. — Pardon, je proteste !

M. FAGNOT. — Ils repoussent le projet au nom de la liberté, liberté des contrats, liberté du travail, liberté... si favorable aux plus forts, aux mieux armés.

Quant aux ouvriers, leur attention toujours trop distraite ne s'est pas encore arrêtée sur ce projet de loi, qui les intéresse pourtant très directement. Ni les grandes fédérations, ni les syndicats isolés n'ont étudié la question, formulé leurs appréciations et leurs critiques.

Dès lors il me semble que le Parlement, arbitre entre les opinions contraires et les intérêts divergents, ne peut en aborder l'examen — quel que soit notre désir à cet égard — que lorsque patrons et ouvriers auront fait connaître leurs avis motivés, au moins sur les idées dominantes et les points essentiels de ce vaste projet. (*Applaudissements.*)

---

(1) Toutefois, pour être exact, il faut constater : 1° que la question a été nettement posée, d'un point de vue d'ailleurs strictement patronal, devant le monde industriel par M. Touron, sénateur, au cours de la séance tenue, le 10 décembre 1906, par les présidents des chambres de commerce ; 2° que la question a fait l'objet d'une étude sérieuse, contenant des arguments et des raisons, due à M. de Ribes-Christophe, vice-président de la Fédération des industriels et des commerçants français, et insérée dans le n° de mars 1907 du *Bulletin de cette Fédération*. L'étude est sérieuse ; pourtant, l'auteur s'est laissé entraîner par ses préventions à l'égard du syndicalisme jusqu'à écrire cette contre-vérité légale : « Il aurait fallu refondre la loi de 1884 sur les syndicats auxquels *elle ne reconnaît aucune personnalité civile* ».

M. LE PRÉSIDENT. — Messieurs, voici exactement l'ordre des inscriptions reçues : Sur le titre III MM. Boissard, Fournière, Strohl ; sur le titre IV, M. Arquembourg ; sur le titre V, MM. Millerand, Borderel, Arquembourg ; enfin, MM. Perreau et Paulet.

Je me permets de rappeler aux orateurs la recommandation que j'ai été obligé de faire et à laquelle M. Fagnot s'est si scrupuleusement conformé.

M. BOISSARD. — M. Fagnot nous a parlé tout à l'heure, à propos du délai-congé, de l'article 47 et de l'article 46. L'article 46 indique le minimum de ce délai : une semaine pour les ouvriers et un mois pour les employés. L'article 47 indique certains cas où ces minima pourront être « ou augmentés ou diminués ». Il n'en résulte pas moins que ces articles n'ont fixé que les minima du délai-congé et n'indiquent pas du tout que ces minima doivent se confondre avec des maxima, que ce sont des délais qui s'imposent dans tous les cas. Il reste toujours libre aux industriels, aux intéressés, d'augmenter le délai-congé dont un minimum légal est prévu.

Cela étant, et le délai-congé n'étant pas fixé d'une manière invariable, dans tous les cas, il est évident qu'il faudra que dans l'usine un texte quelconque indique quelle sera la durée du délai-congé. On peut certainement prétendre que le règlement d'atelier est un moyen de rapports entre patron et ouvriers critiquable, mais, du moment qu'on maintient cette forme de réglementation des rapports entre le patron et ses ouvriers, il me semble que le règlement d'atelier peut très légitimement et doit même prévoir et indiquer la durée du délai-congé, quand cette durée est différente du minimum légal, quand elle est supérieure à ce minimum. Je ne vois donc pas pourquoi on devrait modifier l'article 24 qui est modifié déjà par les articles 46 et 47. Ces articles fixent le minimum du délai-congé, mais laissent au patron la faculté d'étendre ce délai-congé, d'en fixer un plus large, soit après entente avec les ouvriers, soit par voie de règlement d'atelier. Puisque l'on laisse subsister cette forme d'accord, il me semble que l'article 24 a eu raison de comprendre le règlement d'atelier dans la question du délai-congé, quand ce délai doit être plus long que le minimum légal. Je ne vois pas que ces délais se contredisent.

M. Fournière. — Je demande simplement la suppression du membre de phrase visant les amendes. Nous n'innovons. rien : les législations étrangères ont déjà supprimé les amendes. Même chez nous, nous avons été précédés par le Ministère des Travaux publics qui, sans aucun inconvénient, les a supprimées pour le personnel des chemins de fer de l'Etat et ensuite pour tout le personnel des travaux publics. Je crois que depuis la même époque, ou même auparavant, ce système avait été appliqué également par l'administration à la fabrique des timbres, aux employés du boulevard Brune. On disait que les ouvriers, s'il n'y avait pas de sanction pénale, ne pourraient pas d'eux-mêmes puiser dans la satisfaction du travail accompli la récompense nécessaire au bon fonctionnement de l'industrie. L'expérience, chez nous et à l'étranger, a démontré que la discipline du travail n'a en rien souffert de la suppression des amendes. Pour ce qui est des indemnités de malfaçon, vous savez comment les législations étrangères ont réglé la question. Ce n'est pas, dorénavant, à l'arbitraire de l'industriel qu'est laissée l'estimation du dommage causé. On ne peut plus voir, par exemple, ce qui se passait dans les fabriques de papier à cigarettes, où des amendes de 1 fr. 50 et 2 francs étaient infligées à des ouvrières qui gagnaient 1 franc par jour, pour la perte d'un cahier de papier à cigarettes d'une valeur de 2 centimes ! Ce sont des commissions mixtes qui estiment le dommage. Mais, pour en revenir à l'amende proprement dite, l'expérience est faite chez nous et par les législations étrangères. Celles-ci n'ont pas voulu conserver ce droit juridique aux industriels et l'ont supprimé de leur code. Je crois que nous ferons bien, nous aussi, de le supprimer.

M. STROHL. — Je suis tout à fait d'accord, en principe, avec ce qu'a dit M. Fagnot : on ne peut pas être juge et partie. Par conséquent, il ne devrait pas être permis à l'industriel d'établir une sanction et de l'appliquer lui-même. Je suis absolument d'accord avec M. Fournière : les hommes adultes n'ont pas besoin d'amende. Mais il faut compter qu'on emploie aussi des enfants de douze ans, avec certificat d'études, de treize ans, s'ils n'ont pas le certificat d'études. Par conséquent, quand on a quatre-vingts enfants, séparés des adultes, de leurs pères ou de leurs parents, il faut une discipline, et qui dit discipline dit sanction. C'est une nécessité du règlement d'atelier. J'ajoute qu'en général je ne veux pas que les amendes soient dans les mains des contremaîtres, parce que, comme le disait M. Fagnot, très souvent, le contremaître veut prouver son autorité en punissant, et il faut éviter cela. Chez moi, jamais un contremaître ne pourra décréter une amende : c'est toujours le directeur de l'usine qui le fera.

Je me suis expliqué sur cette question du règlement d'atelier et des amendes dans des milieux ouvriers. J'ai défendu la cause des amendes — non pas que je l'approuve — en faisant remarquer que, dans le monde ouvrier parisien, qui était surtout connu des ouvriers auxquels je m'adressais, l'ouvrier adulte travaille avec l'enfant et, par conséquent, exerce sur lui une surveillance constante et lui donne de bons exemples ; mais dans les industries, par exemple, où l'enchaînage est essentiel, où le travail des uns est solidaire de celui des autres, l'ouvrier qui apporte du retard dans son travail ou qui vient à l'atelier quand il lui plaît ne cause pas seulement du tort à lui-même, mais à ceux dont le travail est solidaire du sien. Il faut donc une discipline. Seulement, je n'admettrais jamais l'amende, si le montant n'en était pas versé dans une caisse quelconque de maladie ou de secours qui appartienne aux ouvriers, et, depuis 1867, nos règlements d'atelier ont toujours prévu que les amendes pour malfaçon ou pour infraction aux règlements d'ateliers étaient versées dans la caisse des malades de l'établissement.

Je dirai encore ceci : J'avais relevé les chiffres que je cite parce que j'avais à m'expliquer sur cette question ; les amendes, chez moi, ne représentent pas plus de 25 à 30 centimes pour 1,000 francs de salaires, y compris les amendes pour malfaçon.

M. Fournière. — Cela même en démontre l'inutilité, Monsieur.

M. Strohl. — Je trouve que, pour les hommes mêmes, il y a, dans la mise à pied ou dans l'affichage, dans la réprimande publique dont parlait M. Fagnot, quelque chose de plus dégradant que la discrétion de l'amende.

La question du règlement d'atelier m'a préoccupé

depuis bien longtemps. Dans le règlement de l'atelier que nous avons fait, nous avons prévu toujours le dépôt officiel : un exemplaire doit être déposé au greffe de la justice de paix et au secrétariat des prud'hommes.

Nous avons prévu, dans le règlement d'atelier, le délai-congé. Nous avons considéré que ce délai devait être égal à la période comprise entre deux payes ; par conséquent, nous avons fixé, comme minimum, quinze jours de délai-congé pour les ouvriers.

Nous avons prévu des indemnités de chômage dans le cas où, par suite d'un accident au moteur, à la force motrice de l'usine, les employés étaient réduits au chômage.

Nous avons prévu les exceptions au délai-congé pour des raisons temporaires, notamment pour le travail à forfait, quand on avait embauché des ouvriers pour certain travail. Nous avons prévu le versement de toutes les amendes dans une caisse de secours, l'affichage dans tous les ateliers, et nous avons déclaré qu'aucun changement de tarif ne pouvait être mis en vigueur autrement qu'après l'expiration du délai-congé. En ce qui concerne les changements de tarif, nous n'avons pas eu à constater de diminution de salaire, mais on a été obligé de prévoir la chose dans le règlement d'atelier. Je crois qu'il serait bon, dans tous les cas de règlement d'atelier, puisque règlements d'ateliers il faut, que ces règlements contiennent les clauses d'affichage, de dépôt et surtout du délai-congé, parce que l'on fixe bien un minimum ; mais je considère que, dans les ateliers où la paye se fait tous les quinze jours, le délai-congé doit être légalement de la durée qui s'écoule entre deux payes. Par conséquent, j'estime que le délai-congé doit être fixé dans le règlement d'atelier.

J'aurais aussi un mot à dire de l'article 56. Si nous avons le temps, je demanderai la parole.

M. Millerand.— L'ordre des inscriptions m'amène à me donner la parole. Je tiens à dire quelques mots, d'abord parce que l'article 56 me paraît apporter à des idées qui me sont depuis longtemps chères un appui tout à fait précieux, et aussi parce que je suis obligé de ne pas accepter complètement un compliment que M. Fagnot a été assez aimable pour me décerner et que je ne mérite peut-être pas tout à fait.

L'article 56, dis-je, me paraît apporter une contribution précieuse à des idées que je défends depuis longtemps. Voici pourquoi : Il offre une contradiction violente et presque candide entre son premier et son troisième paragraphe. Dans le premier, il déclare, si on prend l'idée sous sa forme la plus nette, je dirai même la plus brutale, que la grève dans l'industrie privée est parfaitement admissible et qu'elle ne rompt pas le contrat de travail.

Puis, dans son paragraphe 3, il déclare que dans les services de l'Etat la grève est inadmissible et qu'elle rompt le contrat de travail.

Je suis tout à fait d'accord qu'il est impossible d'accepter la grève dans les services publics ; mais je ne me croirais pas le droit de conclure ainsi si, d'abord, en ce qui concerne l'industrie privée, je n'étais formellement d'avis que la grève est un mal qu'il faut tâcher par tous les moyens de prévenir.

Voici pourquoi je suis de cet avis. M. Fagnot a dit très nettement : La grève est le moyen violent — j'ai pris ce qu'il disait sous sa dictée — d'améliorer les conditions du travail. J'ai la faiblesse d'être opposé aux moyens violents, à la guerre, non pas seulement entre peuples, mais entre concitoyens.

Par conséquent, j'estime, et j'ai toujours estimé, que la grève, qui est en effet une guerre et qui, je m'empresse de l'ajouter pour qu'il n'y ait pas d'équivoque sur ma pensée, est nécessaire, tant qu'on n'aura pas trouvé un moyen de la remplacer et de permettre aux desiderata des travailleurs de se formuler sous un autre moyen, la grève, étant un moyen violent, une guerre, me paraît haïssable.

C'est pour cela que j'en poursuis la suppression par tous les moyens de conciliation, de rapprochement, de discussion, qui, je ne l'ai jamais dissimulé, doivent, une fois mis en vigueur, arriver plus ou moins rapidement à la suppression de la grève.

C'est parce que je considère que la grève, mauvaise dans l'industrie privée, doit disparaître dès que nous le pourrons, c'est parce que j'ai présenté et je continue à soutenir des dispositions législatives dont le but est d'arriver à la suppression progressive de la grève dans l'industrie privée que je n'éprouve aucun embarras à conclure que dans les services publics la grève est impossible.

Mais il me paraît vraiment tout à fait contradictoire, et, si le mot n'était pas trop gros, je dirais scandaleux, de dire à l'industriel : la grève est très bonne pour vous, mais elle est mauvaise pour nous ! (*Très bien.*)

C'est impossible logiquement. J'ajoute que ce n'est pas vrai dans la réalité. M. Fagnot nous disait tout à l'heure : mais, l'Etat, c'est tout le monde ! tandis que le patron, il a trois douzaines de clients à fournir ! c'est très joli, mais c'est tout de même un peu en contradiction avec les faits : dans la grève de Marseille, ce n'est pas trois douzaines de clients qui se sont trouvés atteints par la grève des dockers, c'est non seulement toute l'industrie et tout le commerce de

Marseille, mais, derrière eux, le pays entier ! Et je prends un exemple : j'en pourrais bien prendre d'autres. Il est certain que toute grève, avec, bien entendu des différences, selon son degré d'extension et d'intensité, est pour le public, pour le consommateur en général, une menace, non pas seulement pour l'industriel d'un côté, et l'ouvrier de l'autre, mais pour le public lui-même.

Mais je pense que l'on ne peut conclure à l'interdiction de la grève pour les ouvriers et employés de l'Etat, qu'en faisant en même temps et au même moment une loi qui arrive directement ou indirectement à la disparition de la grève dans l'industrie privée.

Alors, si on part de cette idée générale qui ne sépare pas ce qui, à mon avis, est inséparable : les intérêts des travailleurs qui sont au service de l'industrie privée et les intérêts des travailleurs qui sont au service de l'Etat, si on pense que la grève, qui est un mal pour l'Etat, est un mal pour l'industrie privée, on peut alors, dans le cas particulier que nous avons à résoudre, aboutir à une solution logique et admissible.

C'est qu'une fois que vous avez décidé que la grève doit être réglementée, que, pour reprendre les dispositions d'un projet que j'ai eu l'occasion d'exposer devant vous, le patron et ses ouvriers sont si peu séparés, désunis par la déclaration de la grève, que tous les 7 jours ses ouvriers sont appelés à voter sur la question de savoir s'ils vont reprendre le travail chez le même patron, une fois que vous avez organisé les moyens de proclamation de la grève, les conditions dans lesquelles elle sera pratiquée, ce qui (je ne le cache pas) a pour but direct d'arriver à la rendre si difficile qu'en réalité elle soit impossible, alors vous pourrez dire que la grève est une suspension du contrat de travail. Vous pouvez le dire, parce que vous avez pris, en même temps, le moyen de faire que la grève ne soit proclamée dans l'industrie privée qu'après toute une procédure et qu'au moment même où elle est proclamée, et pendant qu'elle existe, les rapports cessent si peu entre le patron et les ouvriers que les ouvriers sont consultés, dans le mode même où ils l'ont été pour la cessation du travail, pour savoir s'ils veulent reprendre ce travail.

Voilà pourquoi, afin de donner une explication que je jugeais nécessaire, surtout après ce qu'avait bien voulu aimablement dire de moi M. Fagnot, je me suis permis de vous soumettre ces observations que j'ai jugé personnellement nécessaires et sur la longueur desquelles je m'excuse.

M. BORDEREL. — Je voudrais dire d'abord à M. Fagnot que les membres du patronat ne sont pas hostiles, en aucune façon, à la réglementation du travail, à l'établissement d'un contrat. Nous l'avons discuté à plusieurs reprises et nous avons toujours été d'accord qu'il pouvait y avoir lieu d'établir un contrat de travail. Je ne suis, en ce moment, le porte-parole d'aucune association, mais je puis dire que la Fédération, ces jours derniers, a discuté cette question et a voté quelques lignes que je vous demande la permission de lire :

« Après avoir formulé les vœux qui précèdent « pour qu'en tous cas soient rejetés ou amendés les « articles du projet qui lui paraissent les plus dange- « reux ;

« Bien qu'admettant le principe d'une législation « sur le contrat de travail, destinée à combler cer-

« taines lacunes de la jurisprudence et fixer quelques
« points encore débattus ;

« Considère que le projet de loi est mauvais dans
« son ensemble et qu'il présente des dispositions inac-
« ceptables, de nature à aggraver la difficulté des rela-
« tions entre patrons et ouvriers. »

Cela a été voté à une grosse majorité. Par conséquent, vous voyez que nous ne sommes pas du tout
des adversaires systématiques, comme vous avez l'air
de faire comprendre, du contrat de travail.

M. FAGNOT. — Je suis heureux de rectifier mon
appréciation en ce qui concerne l'importante Fédération patronale des industries du bâtiment.

M. BORDEREL. — Pour ma part, je rends hommage à
M. le Président pour ses idées très larges, mais je
crois que nous sommes encore loin de la suppression
des grèves. La grève est, comme on l'a fort bien dit,
un moyen pour les ouvriers d'améliorer leur sort et
j'avoue que, personnellement, je ne vois pas d'inconvénient à ce qu'ils emploient ce moyen, le seul qu'ils
aient, à l'heure actuelle, pour demander des avantages
qu'ils sont en droit de demander, suivant les modifications qui surviennent dans la société. Mais, au point
de vue de la rupture ou de la suspension du contrat de
travail, le monde industriel ne peut pas tergiverser.
Nous ne pouvons absolument admettre que la rupture.
Il y a contrat ou il n'y a pas contrat. S'il y a contrat
et que les ouvriers se mettent en grève, s'ils
demandent la modification de ce contrat, il y a suppression du contrat.

M. FOURNIÈRE. — Non, c'est la revision du contrat.

M. BORDEREL. — La revision, mon cher Collègue,
c'est un autre contrat. La revision d'un contrat, c'est

sa suppression et son remplacement par un autre. Je puis vous citer un exemple typique. J'ai été appelé, comme président de chambre, à faire un contrat collectif. Je m'en réjouis ; je suis très fier d'avoir été un des premiers, dans notre industrie du bâtiment, à faire un contrat collectif avec les ouvriers. En 1898, nous avons traité avec les représentants des ouvriers et les représentants des patrons. Notre contrat nous a donné d'excellents résultats, puisque, pendant 8 ans, nous avons eu une paix absolue et complète. Tout le monde était content de l'exécution du contrat, lorsque, le 1er mai dernier, la grève éclata dans tous nos ateliers. Sans nous prévenir, sans nous dire que le contrat ne leur plaisait plus, sans tâcher d'arriver à une entente, les ouvriers cessèrent le travail. J'ai réuni certaine quantité de ces ouvriers ; je leur ai dit qu'il y avait un contrat, que, par conséquent, ce contrat nous liait les uns aux autres et que, du moment où la grève était déclarée, où cette grève avait pour base une modification profonde des engagements pris par eux et par nous — ils demandaient une diminution des heures de travail, une augmentation très sensible des salaires, enfin toute espèce de choses qui n'étaient pas du tout dans le contrat — dans l'espèce, espèce qui 8 fois sur 10 se présente, c'était la rupture du contrat. Nos ouvriers ne voulaient plus du contrat et voulaient en faire un autre. Ils ont reconnu qu'ils avaient eu tort. Nous avons considéré que le contrat était rompu. Mais, pour faire cesser cette guerre, puisque guerre il y avait, nous avons repris un mois après la conversation et nous avons déclaré, nous, patrons, que nous reprendrions le contrat si les ouvriers voulaient rentrer dans leurs chantiers. Il en fut ainsi. Les ouvriers sont rentrés, et nous avons continué de vivre sous le contrat qui nous avait régis pendant huit ans. En ce moment, la question se pose d'une autre façon. Nous avons été saisis d'une réclamation et d'une demande de modifier le contrat sans grève. J'espère encore que nous n'en arriverons pas à la rupture. Je m'y emploie de toutes mes forces. Il y a eu un incident qui n'est pas notre fait : certains architectes se sont mis en travers, mais j'espère encore arriver à une entente. Là, évidemment, nous arriverons, sans heurt, à refaire un autre contrat modifié suivant le désir et les intérêts de chacun avec l'agrément des deux parties. Mais j'arrive à ceci : il y a en somme une rupture de contrat et il y a toujours une rupture de contrat, au moins 8 fois sur 10. On a cité l'exemple d'une grève qui a éclaté à la suite d'une amende, c'est très rare. La plupart du temps, la grève arrive pour une modification profonde des usages, du contrat passé, soit pour les conditions du travail, le nombre d'heures, le salaire. Mais je le répète, 8 fois sur 10, il y a rupture du contrat. Notre fédération, le monde patronal, considèrent la grève comme une rupture du contrat. Est-ce à dire que la guerre durera plus longtemps ? Je ne le crois pas. Les ouvriers défendent leurs intérêts, je respecte absolument le droit qu'ils ont. Il s'agit d'une guerre économique qui peut se passer pacifiquement. Mais il y a rupture de l'ancien contrat et constitution d'un nouveau.

Je demande donc que cet article ne soit pas adopté.

L'article 56, dans ses trois alinéas, je n'en parle pas ; notre président l'a trop bien fait ! L'État, qui se déclare un patron différent des autres — je l'ai bien souvent entendu dire au Conseil supérieur du travail — est le plus mauvais des patrons ! Ce n'est pas de moi, c'est de nos collègues ouvriers.

M. Raoul Jay. — Ils ont fait des déclarations opposées à plusieurs reprises.

M. Arquembourg. — J'ajouterai seulement un mot à ce qui vient d'être dit par M. Borderel pour tranquilliser M. Fagnot sur l'état d'esprit des patrons. Il est possible que certains patrons soient dans l'état d'esprit qu'il a regretté, mais je peux lui dire que j'ai assisté dernièrement à une discussion très approfondie du projet qui nous occupe, et cela dans un milieu absolument patronal. — J'ajouterai que, si quelques idées dans le genre de celles auxquelles faisait allusion M. Fagnot ont été émises, d'autres plus raisonnables ont été soutenues et énergiquement défendues. En fait, la grande majorité des patrons a considéré qu'il y avait lieu d'étudier une législation spéciale concernant le contrat de travail ; on n'a ni repoussé ni accepté en bloc le projet, mais on l'a discuté article par article et, si on en a repoussé certains, c'est à la suite de critiques parfaitement établies et dont M. Fagnot lui-même pourra avoir connaissance dès que les vœux émis auront été publiés.

J'arrive maintenant à l'examen du projet et spécialement du titre IV.

Sous ce titre IV, je critiquerai surtout les articles 34 et 39, qui me paraissent inadmissibles.

L'article 34 dit :

« Lorsque l'employé à la pièce, à la tâche ou à
« l'entreprise est maintenu à la disposition de l'em-
« ployeur sur le lieu du travail, à son domicile ou
« ailleurs, et mis dans l'impossibilité de travailler
« par le fait de l'employeur, il a droit à une indem-
« nité correspondant au préjudice qui lui a été causé.
« Toute convention contraire est nulle ».

L'article 39 ajoute :

« ..... il appartient aux tribunaux d'apprécier si
« et dans quelle mesure le salaire est dû, en cas
« d'interruption momentanée résultant d'un cas de
« force majeure ».

Il me paraît absolument inadmissible qu'en cas
d'interruption momentanée pour cause de force majeure les tribunaux puissent apprécier et fixer une
indemnité quelconque. Le cas de force majeure, l'ouvrier doit le subir comme le subit le patron. Pourquoi
voulez-vous mettre à la charge du patron une indemnité sous forme de payement du salaire, parce qu'il
y aura eu dans l'usine un accident qui aura interrompu le travail ? Remarquez que, si la situation de
l'ouvrier est digne d'intérêt, celle du patron ne l'est
pas moins ; je dirai même qu'elle l'est peut-être plus
dans ce cas particulier. Si, en effet, l'ouvrier perd son
salaire, il ne perd qu'un salaire auquel il n'a pas
droit, n'ayant rien produit, tandis que le patron perd
non seulement le bénéfice qu'il aurait retiré de la
marche de l'usine, mais il est néanmoins obligé de
supporter tous les frais généraux : intérêts, amortis-
sement, impôts, etc., qui continuent de courir, que
l'usine marche ou ne marche pas. Il y a donc là un
préjudice certain, quelquefois très lourd, pour l'industriel, et je ne vois pas pourquoi on viendrait
mettre à sa charge une indemnité nouvelle en faveur
des ouvriers, pour une cause qui est tout à fait étran-
gère à la volonté du patron.

On me dira peut-être que ce n'est pas là ce qu'a
visé l'article 34 et je conviens très volontiers que telle
n'a pas dû être la pensée des rédacteurs du projet,
qu'ils ont eu plutôt pour objectif de supprimer un
abus qui pourrait se produire dans les circonstances

suivantes : dans certaines industries, on emploie des ouvriers qui travaillent à domicile et qui viennent à l'usine pour prendre du travail. Si, par suite de négligence ou de mauvaise volonté d'un contremaître, d'un employé quelconque, on fait perdre leur temps à ces ouvriers ; si, au lieu de leur donner le travail de suite, on les fait revenir le lendemain, il est évident qu'on leur cause un préjudice et il paraît équitable de les indemniser, c'est très probablement ce qu'on a voulu faire par l'article 34 ; mais, comme il peut être interprété autrement, cet article me paraît dangereux, d'autant plus dangereux que cet article est commenté par un exposé de motifs dans lequel on vise le cas de force majeure et on cite comme exemple l'accident arrivé à un moteur. Il me paraît absolument inadmissible que l'on fasse payer une indemnité aux ouvriers par un patron qui subit déjà une grosse perte par suite d'un accident tel que celui donné en exemple. J'ajouterai, en outre, que l'article 34 me paraît être en contradiction avec l'article 50, lequel parle du délai-congé et dit, *in fine*, que, dans les cas d'accident, de force majeure, le délai-congé ne sera pas observé. Admettons qu'un accident arrivé dans une usine en nécessite l'arrêt, il y a cas de force majeure, par conséquent le délai-congé peut ne pas être observé. En conformité de l'article 50, le patron peut dire que le contrat de travail est rompu et que ses ouvriers sont libres ; de quel droit les tribunaux pourront-ils l'obliger à payer aux ouvriers une indemnité ? Ces deux articles sont absolument contradictoires.

Je ne voudrais pas prolonger cette discussion, mais l'article 34 me paraît tellement inadmissible que je crois nécessaire d'en faire encore ressortir le danger par un exemple. J'admets pour un instant que nous acceptions cet article 56 qui déclare que le contrat de travail n'est pas rompu, mais seulement suspendu par la grève. Vous savez que dans une usine il y a différents genres de travaux qui se commandent l'un l'autre et que l'arrêt d'un atelier est susceptible d'arrêter toute l'usine. Si l'on acceptait cet article 56, que pourrait-il arriver ? Je vais prendre un exemple pour mieux fixer les idées : dans une fabrique de coton, la matière subit un travail préliminaire qui n'occupe qu'un personnel très restreint par rapport à l'ensemble des ouvriers, c'est le cardage. Je suppose que les ouvriers de la carderie se mettent en grève, le contrat est suspendu, il n'est pas rompu. Le patron ne peut pas remplacer ces ouvriers. L'usine se trouvera arrêtée, puisque l'on ne pourra pas fournir de matière première aux autres ateliers. Les ouvriers de ces ateliers, qui ne pourront pas travailler, iront devant les tribunaux et demanderont, en vertu de l'article 34, le payement d'une indemnité. Certains juges pourront très bien leur accorder le payement intégral de leurs salaires, estimant que, s'ils ont été privés de travail, c'est par la faute du patron qui aurait pu céder à la demande des grévistes. Voilà donc un patron qui sera dans l'impossibilité de faire fonctionner son usine par le fait de certains de ses ouvriers et qui sera obligé de payer une indemnité à l'ensemble de son personnel ! C'est un excellent moyen de faire subventionner les grèves par les patrons. Je crois que les ouvriers seraient assez intelligents pour se servir de ce moyen ; ils auraient d'ailleurs bien tort de ne pas en profiter.

J'en arrive à l'article 56. Il me paraît absolument inadmissible de déclarer, sous une forme quelconque, soit sous la forme du projet de loi, soit sous la forme plus atténuée employée par M. Fagnot, avec lequel je me trouve d'accord sur bien des points, et c'est ce qui fait que je n'ai pas demandé la parole jusqu'ici, que la grève est une suspension du contrat de travail. On peut discuter longuement sur le fait de savoir si la grève est une rupture ou une suspension du contrat de travail, mais ce qui me paraît certain, c'est qu'elle constitue une inexécution du contrat. Or, il importe peu de savoir si les grévistes ont ou non l'intention, le désir de rompre le contrat pour déterminer quelles doivent être les conséquences de la grève. Quelque caractère spécial qu'ait le contrat de travail, il n'en doit pas moins subir les règles générales du droit. Or, en droit commun, un contrat ne se suspend pas, il s'exécute ou ne s'exécute pas. Dans le premier cas, pas de difficultés ; mais, si le contrat n'est pas exécuté, il n'est pas rompu *ipso facto*, mais vous ne pouvez pas retirer à la partie lésée le droit de demander la résiliation du contrat. Pourquoi a-t-on adopté cette solution ? C'est que, dans un contrat, il y a des clauses essentielles et d'autres qui ne le sont pas. Il est alors très possible qu'un contrat quelconque ne soit pas exécuté dans une de ses parties et que cependant la convention ne soit pas absolument viciée par cette inexécution. C'est pour cela qu'on oblige la partie lésée à s'adresser aux tribunaux qui apprécieront si le contrat doit être, oui ou non, rompu par une inexécution plus ou moins partielle.

Mais, en matière de contrat de travail, il en est tout autrement. Quand les ouvriers se mettent en grève, c'est l'objet essentiel du contrat qui est supprimé. Qu'est-ce que l'ouvrier promet dans le contrat de travail ? Il ne promet qu'une chose : donner son travail. Quand il cesse son travail, il cesse, de la façon la plus absolue, d'exécuter le contrat. Il est évident que, dans un cas comme celui-là, le tribunal qui se trouve en présence d'une demande de résiliation ne peut que la prononcer. C'est pourquoi, je pense, là Cour de cassation a déclaré que, du fait de la grève, il y avait, *ipso facto*, résiliation du contrat.

Je crois donc qu'on ne peut pas enlever à l'industriel la faculté de demander la rupture du contrat de travail pour fait d'inexécution de ce contrat.

On a dit : mais ce n'est pas l'intention des parties, et on a argué de ce que souvent les patrons continuent les pourparlers avec leurs ouvriers pour soutenir qu'eux-mêmes ne considéraient pas le contrat comme rompu. Ce n'est pas une preuve. Le patron qui est privé de ses ouvriers a besoin d'en trouver de nouveaux pour faire fonctionner son usine, son intérêt est de s'adresser de préférence à ses anciens, bien qu'ils l'aient abandonné brusquement, parce qu'ils connaissent son genre de travail et parce que lui-même connaît leurs aptitudes. Par conséquent, le fait d'engager des pourparlers n'est pas une preuve que le patron ne considère pas le contrat comme rompu, en tous cas cela ne fait pas qu'il ne soit lésé et qu'il n'ait pas le droit de demander la résiliation du contrat. Tout autre chose est de ne pas user d'un droit et la suppression de ce droit. Or, par le texte du projet de loi, vous supprimez le droit pour le patron de demander des réparations pour les dommages causés ; c'est pour ce motif que je repousse l'article 56. J'avais également l'intention de faire ressortir combien il est injuste d'imposer à l'industrie, par le paragraphe premier, un régime dont l'Etat a bien soin de se garer par le paragraphe 3 ; mais, après les observations qui ont été présentées par M. Fagnot et par M. le Président au sujet de cette contradiction, il me semble inutile d'insister.

M. PERREAU. — Je voudrais présenter quelques mots de réponse, soit aux conclusions du rapport de M. Fagnot, soit aux observations présentées par M. Arquembourg.

En ce qui concerne M. Fagnot, je constate à nouveau que les conclusions de son rapport sont, dans l'ensemble, d'accord avec les miennes. Je ne puis que m'en féliciter. Il est cependant un point sur lequel l'entente ne s'est pas établie entre nous. Je ne veux pas parler de la question des amendes, au sujet de laquelle je me suis déjà expliqué. Il s'agit de la question du délai-congé.

Si, dans le cours de nos discussions, j'ai souvent fait preuve d'une prudence et d'une modération qui ont pu être qualifiées d'excessives par mon ami M. Jay, je suis tenté de me montrer beaucoup plus hardi que M. Fagnot lui-même en ce qui concerne l'application du délai-congé.

M. Raoul JAY. — C'est du repentir !

M. PERREAU. — Non, mon cher Collègue, c'est de la sincérité.

J'avoue que, pour ma part, je ne suis pas tenté de suivre le projet du gouvernement dans les dérogations qu'il autorise au point de vue de la durée du délai-congé ; à plus forte raison, je ne serais pas disposé à admettre, comme le propose M. Fagnot, qu'employeurs et employés puissent, d'un commun accord, supprimer complètement ce délai. Je reconnais que l'application obligatoire du délai-congé va rompre avec les usages établis dans un grand nombre d'industries, qu'elle pourra être, un certain temps, gênante, qu'elle lésera peut-être certains intérêts. Mais la Société d'Études législatives n'a pas redouté ces conséquences possibles, et le gouvernement non plus. Il est en effet déplorable, d'une façon générale, et quelle que soit la nature de l'industrie, que les

employés ou les employeurs puissent, sans se prévenir, du jour au lendemain, rompre le contrat, au
risque de jeter l'autre partie sur le pavé ou de la
mettre dans l'impossibilité de continuer la production.
Il peut y avoir des impossibilités temporaires, des
difficultés de fait à l'application du délai-congé dans
certains cas ; je le reconnais, mais les dérogations
qui pourraient en résulter quant au caractère obligatoire et quant à la durée légale du délai-congé n'en
devraient pas moins rester exceptionnelles, et il devrait appartenir non pas aux parties intéressées,
mais à la loi elle-même, de régler ces exceptions. En
d'autres termes, je serais partisan du système suivant : délai-congé obligatoire, avec une durée légale
à laquelle on ne pourrait en principe déroger. Dans
les cas exceptionnels où, par suite des circonstances,
de la nature du travail industriel, — industries saisonnières par exemple, — il serait absolument impossible d'appliquer rigoureusement l'obligation du
délai-congé, une diminution de sa durée, sa suppression complète même pourrait être consacrée par voie
de réglementation légale, mais non par convention
individuelle ou collective.

Cette solution rigoureuse me paraît s'imposer si on
veut parvenir au but poursuivi qui est de faire du
délai-congé le préliminaire obligatoire en cas de rupture du contrat de travail.

Je voudrais maintenant présenter quelques observations en réponse à celles de M. Arquembourg. Il
a déclaré tout à l'heure que l'élément patronal était
loin de se montrer délibérément hostile à toute idée
de réglementation législative des conditions contractuelles du travail. Ce qu'il n'a pas dit, et je l'ajouterai
pour lui, c'est que précisément, dans cette séance du

Congrès de la Fédération des industriels et des commerçants français à laquelle il faisait allusion, c'est M. Arquembourg lui-même qui s'est fait le défenseur des idées contenues dans mon rapport. (*Applaudissements.*)

M. Arquembourg a critiqué divers articles du projet. Il me met dans l'embarras, car je dois reconnaître que, sur certains points, sa critique me paraît assez fondée. Je ne défendrai pas la rédaction des articles 34 et 39, qui n'expriment peut-être pas d'une manière suffisamment précise la pensée de la Commission.

M. Arquembourg. — Je crois avoir exprimé la même idée.

M. Perreau. — Ce que nous avons voulu dire dans l'article 34, c'est au fond ceci : lorsque l'employé se trouve momentanément, par un fait venant de l'employeur, privé de son travail, il est à souhaiter qu'il ne soit pas immédiatement et brusquement privé du salaire sur lequel il comptait légitimement. Voilà tout. Nous n'avons point entendu dire que pendant la grève les employés devaient être payés, mais que, si l'employeur, par son fait, mettait l'employé dans l'impossibilité d'accomplir le travail sur lequel, à raison des engagements antérieurs, celui-ci était en droit de compter, il lui devrait réparation du préjudice qui en résulterait et notamment de la diminution du salaire fixé à la tâche ou aux pièces.

Quant à l'article 39, il envisage une tout autre hypothèse. Supposons, par exemple, qu'un ouvrier se trouve dans la nécessité de s'absenter pour assister aux obsèques de son père ou pour remplir une obligation qui lui est imposée par la loi, pour témoigner en justice. Il va se trouver momentanément dans l'impossibilité de gagner sa journée de travail. Il appartiendra aux tribunaux de décider, en cas de contestation, dans quelle mesure l'employeur devra cependant le salaire. C'est moins une question de droit qu'une question d'équité.

C'est avec ces restrictions et ces tempéraments qu'il convient d'interpréter, je crois, le texte des articles 34 et 39.

En ce qui concerne la grève, je constate que l'article 56 n'a pas trouvé de défenseurs ; cela ne me surprend pas, car il n'est pas défendable, non seulement parce qu'il fait aux patrons de l'industrie privée et à l'État une situation inégale et injustifiable, mais, en outre, parce qu'il complique à plaisir une notion déjà fort difficile à analyser au point de vue juridique. La meilleure solution consisterait peut-être à supprimer complètement ce texte ; il paraît, en effet, très difficile de rattacher la question de la grève à celle du contrat de travail. La grève, c'est l'exercice d'un droit consacré par le législateur en 1864 ; c'est la guerre industrielle, guerre inévitable peut-être dans certains cas, mais regrettable et dangereuse pour tout le monde. C'est un état particulier qui devrait faire l'objet d'une réglementation particulière. Je conçois bien, il est vrai, comment on peut rattacher la grève au contrat de travail ; il suffit de faire application à la grève de l'article 1780, relatif à la rupture du contrat de travail. Mais il faut pour cela que la grève soit aux yeux du législateur une rupture du contrat de travail ; or, je ne vois pas le législateur prendre parti relativement à la nature juridique de la grève par interprétation de l'article 1780 actuel, et déclarer dans un texte qu'elle vaut rupture ou seulement suspension du contrat de travail. C'est là une question doctrinale, théorique,

qui intéresse les juristes, les interprètes de la loi.
Mais elle n'intéresse le législateur que par ses côtés
pratiques, et c'est à ce point de vue seulement qu'un
texte de loi peut la régler. En un mot, il me semble
que, si le législateur, dans un texte spécial, voulait
trancher les difficultés soulevées par la grève, il
devrait envisager moins la nature juridique de celle-ci
que les intérêts pratiques qu'elle met en jeu. Ces intérêts pratiques semblent être au nombre de deux principalement. Il y a d'un côté la question du délai-congé,
et de l'autre la question plus importante encore, bien
qu'elle semble avoir été moins aperçue, de savoir si
les grévistes peuvent être immédiatement remplacés.
C'est sur ces deux points que les efforts du législateur
devraient porter bien plus que sur la détermination
théorique de la nature juridique de la grève. J'ajoute,
d'ailleurs, que, s'il fallait prendre parti sur cette question doctrinale de la nature juridique de la grève, je
serais disposé à me rallier au texte proposé par M. Fagnot. Je crois, en effet, qu'en se fondant sur la disposition de l'article 1780 du Code civil actuel, on ne
peut considérer la grève, ni dans tous les cas comme
une rupture, ni dans tous les cas comme une suspension du contrat de travail. J'ai essayé de le démontrer
dans mon rapport ; j'en trouve une preuve dans le
fait même que nous citait tout à l'heure M. Borderel.
Il avait conclu avec ses ouvriers un contrat collectif.
Cette convention n'a pas empêché les ouvriers de se
mettre en grève à l'occasion du 1er mai. Il n'est pas
douteux qu'en agissant ainsi, les ouvriers n'avaient
pas l'intention de rompre le contrat : ils obéissaient
simplement à un sentiment de solidarité ouvrière.
Aussi, ont-ils repris le travail, un mois après, aux conditions antérieures. De même, lorsque les ouvriers

viennent dire à leurs patrons, aux représentants de la compagnie dont ils sont les salariés : « Nous n'avons pas à nous plaindre de vous ; nous allons cependant nous mettre en grève parce que l'organisation syndicale, la fédération, a décidé la grève générale », l'intention de rompre les contrats individuels de travail n'existe pas. On ne peut donc ramener la grève, ni dans tous les cas à la rupture, ni dans tous les cas à la suspension du contrat de travail ; tantôt il y aura rupture et tantôt suspension. La même grève pourra prendre successivement ce double caractère. S'il en est ainsi et pour le cas où le législateur croirait devoir se prononcer sur la nature juridique de la grève, je serais satisfait de voir adopter une proposition comme celle de M. Fagnot qui permet au juge, suivant les circonstances, d'envisager la grève soit comme une suspension, soit comme une rupture du contrat de travail.

Je me demande, d'ailleurs, quelle pourrait être, en dehors des intérêts pratiques signalés précédemment, la raison qui déciderait le législateur à trancher par un texte une semblable question doctrinale. Ce qui importe surtout, en réalité, c'est que le législateur prenne parti sur la question du délai-congé en cas de grève, et décide si l'industriel touché par la grève pourra ou non remplacer immédiatement ses ouvriers. On propose de déclarer que le délai-congé sera obligatoire, même en cas de grève. Ce serait, je crois, une solution excellente. Il ne faut pas qu'une des parties au contrat de travail ait le droit, sous prétexte de rendre la guerre plus efficace, de ruiner l'autre injustement. Il doit y avoir de la bonne foi, même en cas de grève, et le délai-congé a sa raison d'être aussi bien dans le cas de cessation collective du travail que dans le cas de cessation individuelle.

Mais immédiatement je prévoi. une objection : J'ai bien peur, si le législateur se borne à décider qu'en cas de grève le délai-congé devra être observé, qu'il ne fasse œuvre vaine et qu'en fait il soit dans l'impossibilité d'imposer aux deux parties, surtout aux ouvriers, le respect d'une telle disposition.

Le mieux serait donc, à mon avis, de retrancher du projet l'article 56, sauf à reprendre la question de la grève dans un projet spécial. En tous cas, si on maintient l'article 56, il conviendrait de ne pas reconnaître à la grève, au point de vue juridique, un caractère trop absolu, de ne pas voir en elle nécessairement une rupture ni une suspension du contrat, et, si on applique à la grève l'obligation du délai-congé, de prévoir la réforme qui seule pourra rendre applicable une semblable disposition : la réglementation de l'exercice du droit de grève. (*Applaudissements*).

M. Paulet. — Ce n'est pas à cette heure tardive que j'oublierai les sages conseils de célérité que nous donnait M. le Président et c'est seulement sur un article du projet que je voudrais, ce soir, vous soumettre quelques observations personnelles.

Cet article n'a pas eu, dans l'exposé chaleureux de M. Fagnot, les honneurs d'une adhésion, ni d'une réserve. Cependant il me semble que, même au point de vue économique, il a une singulière importance, puisqu'il ne tend à rien moins qu'à créer ou plutôt à détruire le régime légal des salaires.

Vous savez ce qu'est l'article 11 du projet du gouvernement : il règle l'hypothèse où l'ouvrier aurait contracté moyennant un salaire qui serait disproportionné au travail promis.

En droit positif, aujourd'hui, le contrat seul peut

régler la question, et pas plus l'ouvrier que le patron ne peuvent se soustraire aux conditions librement et légalement débattues au contrat. Le projet de loi prévoit, au contraire, qu'il y aura nullité du contrat pour lésion, si l'une des parties a abusé du besoin, de la légèreté, de l'inexpérience de l'autre, pour imposer des conditions en désaccord, soit avec les conditions habituelles de la région et de la profession, soit avec la valeur et l'importance des services engagés.

En ce qui concerne la première de ces définitions, commune d'ailleurs à la rédaction du gouvernement et à celle du projet préparatoire de la Société d'Etudes législatives, il n'y a pas, semble-t-il, d'objections sérieuses à élever. Pour la seconde définition, au contraire, vous devez l'entrevoir, il n'en est pas de même : elle dresse à l'horizon de graves difficultés.

On s'est emparé, pour la défendre, des analogies qui se présentent dans le Code civil allemand et dans le projet de Code suisse.

Que l'on me permette tout d'abord de laisser de côté le projet suisse : se réclamer, en France pour instituer un texte législatif, d'une disposition d'un projet suisse qui n'est pas encore voté, comme on pourrait se réclamer, en Suisse, de la disposition parallèle du projet de notre gouvernement, cela ressemble terriblement à une pétition de principe.

En ce qui concerne le Code allemand qui, lui, est voté et en vigueur, la comparaison, je le reconnais, aurait une autre portée. Encore faut-il se demander, et je vous le demande, si on a bien saisi cette portée. Est-il nécessaire de vous rappeler que c'est dans les dispositions *générales* du Code, et non pas, comme chez nous, dans un projet de réglementation spéciale du contrat de travail que le législateur allemand, au

milieu de toutes les autres dispositions qui dominent
le régime des obligations, a introduit cette clause que
le contrat serait nul, lorsqu'il y aurait entre la valeur
réelle des prestations respectivement promises par
les parties une disproportion trop choquante ? Or,
quand on a voulu passer de la théorie aux faits,
quand, dans la discussion de ce point devant la Société d'Etudes législatives, on a demandé à ceux qui
connaissent le mieux l'application pratique du Code
allemand dans quelle proportion pratique cette disposition correspondait à la théorie, on est arrivé, vous
le savez, à constater qu'elle ne prévalait que très rarement. J'ajoute qu'il n'était presque pas besoin d'une
enquête pour s'en douter : il suffisait de voir la place
de l'article dont il s'agit dans le Code allemand et le
caractère tout général de la disposition qu'il introdui-
sait dans ce Code, pour se rendre compte, *a priori*,
que c'était là une de ces dispositions de principe, et,
en quelque sorte, de ressource juridique extrême, qui
ne devait pas trouver application courante dans un
contrat aussi complexe que le contrat de travail.

Et d'ailleurs, même à ne regarder que la théorie, il
semble bien qu'on ait quelque peu méconnu, au
regard du contrat de travail, les intentions du législateur allemand. La disposition générale de l'article 138 déclare, il est vrai, que tout contrat, dès qu'il
implique disproportion choquante entre les prestations échangées, se trouve frappé de nullité. Mais,
quand on arrive aux précisions législatives sur le
contrat de travail, il se rencontre une autre disposition qui, au regard du contrat de travail, éclaire
remarquablement la première et en précise la portée
d'exception. Le Code allemand se place en face de
l'hypothèse où dans un contrat d'ouvrage on a omis

de fixer la rémunération due. Si on devait appliquer
sans restriction les dispositions générales de l'article 138, la conséquence semblerait être, en cette hypothèse, que, puisqu'il n'y a pas eu de rémunération
fixée, il faut chercher au fond quelle est la valeur
réelle du travail fourni et qu'en l'absence de stipulation c'est au juge à déterminer, en équité absolue, le
prix du travail. Il n'en est rien et, pour ce cas
topique, l'article 632 du Code dispose expressément :
« Lorsque le montant de la rémunération n'est pas
déterminé, il y a lieu de tenir pour convenu, en cas
d'existence d'un tarif, la rémunération du tarif, et, à
défaut de tarif, *la rémunération habituelle* ».

Donc, à l'égard du contrat de travail, les dispositions
mêmes du Code civil allemand nous amèneraient à
la première formule, et non pas à la seconde, de la
rédaction du projet du gouvernement.

Aussi bien, ce n'est pas telle ou telle disposition
d'un Code étranger qui peut régler souverainement
la rédaction d'un projet de législation française. Ce
projet doit être placé en face des réalités concrètes et
vivantes sur lesquelles la loi doit statuer. Veut-on
que les stipulations de salaires librement débattues,
et j'ajoute, loyalement débattues entre les parties, fas-
sent leur loi et continuent, toutes les fois qu'il n'y a
pas dol ou surprise, à constituer leur statut certain ?
Ou bien veut-on l'absolue et permanente instabilité du
salaire, à la discrétion de l'équité mobile du juge ?
Quand l'ouvrier et le patron ont été d'accord pour
consentir, en contre-partie d'une prestation de travail
déterminée, une prestation de salaire déterminée,
pourra-t-on, après coup et à tout instant, reviser en
justice ce salaire, de telle sorte que le patron ne saura
jamais, en définitive, quelle dette exacte de salaire

il a contractée et quel élément il doit prévoir de ce chef
dans son prix de revient ?

Et ce n'est point seulement alors le contrat de travail envisagé qui se trouverait en suspens et comme
en l'air. On oublie trop souvent, quand on traite du
contrat de travail, les répercussions de chaque contrat
de travail sur la multiplicité des contrats connexes
qui en peuvent dépendre. C'est l'analyse théorique,
et non pas la réalité des choses, qui nous met en présence d'un contrat isolé. Dans nos sociétés si actives
et si complexes, chaque contrat influe fréquemment
sur un grand nombre d'autres contrats.

Pour l'industriel, le contrat de travail n'est qu'une
des bases des contrats d'achats, de ventes, de commissions, etc., sur lesquels repose l'opération économique entreprise. Tous ces contrats se pénètrent ou
se commandent en quelque mesure, et, permettez-moi
ce souvenir familier, chacun d'eux est un peu comme
une carte dans un de ces châteaux qu'enfants nous
nous amusions à construire : que l'une perde équilibre, et toutes les autres peuvent s'écrouler. Il suffit
qu'un contrat ne puisse être exécuté dans les conditions prévues pour que le patron, débiteur de l'exécution d'autres contrats corrélatifs, soit mis dans l'impossibilité de les exécuter ou dans la nécessité illé-
gitime de n'y faire face qu'à perte.

J'entends bien que le contrat ne travail ne sera pas
tout à fait à la merci de l'une des parties, qu'il faudra
obtenir sa nullité du juge. Mais *le juge* au singulier,
c'est un mot. Il y a, au vrai, des juges, des tribunaux,
avec la variété fatale des appréciations et l'inévitable
diversité des jurisprudences, surtout en une matière
de fait aussi contingente et aussi délicate que l'évaluation souveraine de la valeur du travail.

Pour moi, je crois qu'il est impossible que l'industrie puisse longtemps vivre, prospérer, s'étendre, si on la met à la discrétion d'une instabilité complète, constante, de l'élément principal du contrat de travail, je veux dire du salaire. Cette préoccupation ne m'est d'ailleurs point personnelle. Elle était de toute évidence celle des rédacteurs d'un décret que ne désavouera pas M. le Président, du décret du 10 août 1899, qui a entendu régler, vis-à-vis des ouvriers des entreprises de l'Etat, la question même que prétend résoudre l'article 11 du projet de loi et qui a pris parti nettement, non pas pour la dernière formule de cet article 11, mais pour la première, c'est-à-dire uniquement pour la comparaison avec le salaire courant dans la profession et dans la région. C'est à l'heure actuelle la réglementation en vigueur ; elle semblait suffisante autant que prudente ; le législateur ne ferait-il pas œuvre sage en se bornant à la généraliser ?

Ce décret avait, du reste, également prévu et réglé l'autre question que j'indiquais, celle de la répercussion éventuelle de la modification du contrat de travail sur la consistance des contrats d'entreprise. Le décret de 1889 avait prévu et devait prévoir que, si des relèvements de salaires s'imposaient au chef d'entreprise adjudicataire de travaux ou de fournitures au compte de l'Etat, il y aurait alors à la charge de l'Etat — et, dans l'hypothèse inverse, au profit de l'Etat — une revision.

La vérité qu'il faut voir et montrer en face, c'est, à ce qu'il semble, que l'article 11, s'il était voté, reviendrait à peu près à cette déclaration législative illusoire : les ouvriers et les patrons pourront encore, en théorie, discuter librement les conditions du contrat du travail et le taux des salaires ; mais, en pratique, ce sont les juges qui prononceront et statueront définitivement à cet égard, et ils ne statueront qu'après coup, de sorte que patrons et ouvriers seront dans cette situation anormale qu'ils ne pourront pas savoir et que personne ne pourra leur dire *a priori* quel est le salaire qu'ils auraient pu stipuler afin d'échapper à la nullité ultérieure de leur contrat.

La vérité encore, et M. Jay l'a écrite récemment avec sa franchise coutumière, c'est que cette disposition ne pourrait être que la suppléance provisoire d'une législation d'attente sur le minimum obligatoire de salaire. En effet, à tout prendre, plutôt que cette instabilité légale des salaires, mieux vaudrait pour les patrons une législation qui fixât *a priori* le salaire à payer : au moins sauraient-ils à quelle règle se conformer. Mais la réglementation du salaire minimum, ce n'est point petite ni facile affaire et, rassurez-vous, je ne me hasarderai point à en parler ce soir.

Qu'il me suffise d'avoir indiqué que, volontairement ou involontairement, on s'y trouverait conduit par cette dernière disposition de l'article 11 du projet.

Pour tous ceux qui, comme vous et comme moi, estiment indispensable que le législateur pose les règles essentielles du contrat de travail, il y a là une des innovations périlleuses dont le projet gagnerait à être dégagé. (*Vifs applaudissements.*)

M. JAY. — Je ne viens pas, à l'heure tardive à laquelle nous sommes arrivés, discuter dans leur détail les très intéressantes observations de M. Paulet, mais je tiens à dire pourquoi nous sommes quelques-uns qui attachons une grande importance à l'article 11. Quelle est la raison d'être de cette législation protectrice des travailleurs que nous nous sommes ici donné pour mission de défendre et de développer,

sinon qu'il est nécessaire d'assurer contre les dangers
qui peuvent résulter de l'inégalité des parties au contrat de travail le respect de la justice dans les rapports entre ouvriers et patrons ? Malheureusement, le
législateur n'a pu régler que des questions particulières, il n'a pas encore osé toucher à l'essentielle
question de salaire. Et, alors, il nous paraît bon qu'une
loi générale sur le contrat de travail donne au juge
le droit d'intervenir toutes les fois que la justice aura
été, dans ce contrat de travail, méconnue.

Nous ne croyons pas, nous n'espérons pas que le
juge fera du pouvoir que nous lui reconnaîtrons un
usage habituel et fréquent. Mais, lors même que le
juge n'interviendrait que dans des cas exceptionnels,
dans les cas d'abus particulièrement scandaleux, la
portée morale d'une pareille intervention resterait
grande et il ne serait pas inutile que la loi proclame
la nullité de tout contrat de travail contraire à la justice. (*Applaudissements.*)

M. MILLERAND. — Dans l'impossibilité de statuer
sur les différentes dispositions du projet de loi, voici
la formule que MM. les Rapporteurs se sont mis d'accord pour présenter à l'assemblée :

« L'Association pour la Protection légale des Tra-
« vailleurs, après avoir examiné les points essentiels
« du projet de loi sur le contrat de travail, émet le
« vœu :

« Que le Parlement aborde dès que possible la dis-
« cussion de ce projet d'une haute importance so-
« ciale et veuille bien tenir compte des observations
« présentées au cours de la discussion devant les
« assemblées générales de l'Association pour la Pro-
« tection légale des Travailleurs ».

M. Arquembourg. — Cette forme générale semble pouvoir rallier les suffrages ; mais, comme nous demandons qu'on tienne compte des observations qui ont été présentées, il me semble nécessaire de faire ressortir que, parmi ces observations, il y en a de très importantes, celles présentées par M. Fagnot au sujet de l'article 56. J'ai combattu la manière de voir de M. Fagnot, cependant je crois qu'on pourrait se rallier à la rédaction qu'il propose, s'il était bien indiqué dans le texte que le fait de l'inobservation des délais-congés serait considéré comme une rupture du contrat de la part de celle des parties qui n'aurait pas observé le délai-congé. En résumé, nous voulons que, lorsque des ouvriers se mettent en grève, sans observer le délai-congé, le patron soit délié vis-à-vis d'eux et puisse, au besoin, remplacer ces ouvriers par d'autres.

Sous le bénéfice de cette observation, la formule présentée par MM. les Rapporteurs est adoptée à l'unanimité.

TEXTE DES VŒUX ADOPTÉS

1° Sur la convention collective :

L'Association Nationale pour la Protection légale des Travailleurs,

Après avoir étudié et discuté tout d'abord le titre II du projet de loi sur le contrat de travail, titre consacré aux conventions collectives relatives aux conditions du travail,

Est d'avis :

1° Que les conventions collectives sont, dans la majorité des cas, seules propres à garantir la plus grande égalité possible entre les deux parties contractantes et, par suite, à donner socialement et dans la réalité au contrat de travail le caractère bilateral qui lui est reconnu juridiquement ;

2° Qu'elles peuvent contribuer à moraliser la concurrence entre employeurs, et à limiter ses répercussions sur les conditions du travail au moins, dans l'intérieur de chaque profession, par localité ou par région ;

3° Qu'elles sont capables, dans toute la mesure

du possible, d'assurer ou de rétablir les relations normales entre employeurs et employés ;

4° Qu'en conséquence, le titre II du projet de loi mérite dans son ensemble d'être approuvé.

2° Sur l'ensemble du projet de loi :

L'Association pour la Protection légale des Travailleurs, après avoir examiné les points essentiels du projet de loi sur le contrat de travail, émet le vœu :

Que le Parlement aborde dès que possible la discussion de ce projet d'une haute importance sociale et veuille bien tenir compte des observations présentées au cours de la discussion devant les assemblées générales de l'Association pour la Protection légale des Travailleurs.

PROJET DE LOI

sur le CONTRAT DE TRAVAIL

présenté à la Chambre des Députés, le 2 Juillet 1906

Au nom de M. Armand FALLIÈRES,
Président de la République française,

Par M. SARRIEN,
Président du Conseil, Garde des Sceaux, Ministre de la Justice,

Et par M. Gaston DOUMERGUE,
Ministre du Commerce, de l'Industrie et du Travail.

TITRE PREMIER

Formation du contrat de travail.

ARTICLE PREMIER.

Le contrat de travail est le contrat par lequel une personne s'engage à travailler pour une autre qui s'oblige à lui payer un salaire calculé, soit à raison de la durée du travail, soit à proportion de la qualité ou de la quantité de l'ouvrage accompli, soit d'après toute autre base arrêtée entre l'employeur et l'employé.

Ne sont pas soumis aux dispositions du présent titre les contrats passés par les personnes qui offrent leur travail non à un ou plusieurs employeurs déterminés, mais au public.

ART. 2.

Le fait que l'employé fournit la matière en même temps que le travail n'empêche pas la convention d'être un contrat de travail, pourvu que la matière puisse être considérée comme l'accessoire du travail.

ART. 3.

Le contrat de travail est dit « contrat individuel » lorsqu'il se forme entre un employeur unique et un employé unique.

ART. 4.

Le contrat de travail est dit « contrat d'équipe » lorsqu'il se forme entre un employeur et une collectivité d'employés ou les représentants de celle-ci.

ART. 5.

Lorsque des employés, engagés dans les conditions définies à l'article premier, doivent, en vue de l'exécution des travaux convenus, organiser ou conduire des groupes ou brigades, ils sont de plein droit présumés agir à titre de mandataires du chef de l'entreprise, dans leurs rapports avec les employés faisant partie de ces groupes ou brigades.

Nulle preuve n'est admise contre cette présomption.

ART. 6.

Le contrat de travail est soumis, quant à sa formation, aux règles du droit commun, sous réserve des dispositions ci-après.

ART. 7.

On ne peut engager son travail qu'à temps ou pour une entreprise déterminée.

ART. 8.

En matière de contrat de travail, la preuve testimoniale est toujours admise, à défaut d'écrit, quelle que soit la valeur du litige.

ART. 9.

Soit que le contrat de travail ait été constaté par écrit, soit qu'il ait été conclu verbalement, ou qu'il résulte seulement du fait, par l'employé, d'avoir, avec le consentement de l'employeur ou de son délégué, participé aux travaux du chantier ou de l'atelier, les parties sont censées, pour toutes les conditions non prévues expressément au contrat, s'être référées, à défaut de règlement d'atelier ou de convention collective, aux usages des lieux et de la profession.

<h2 style="text-align:center">ART. 10.</h2>

Les conditions que l'employeur aura insérées dans un règlement d'atelier ou de travail ne sont réputées acceptées par l'employé qui conclut le contrat de travail que si elles ont été régulièrement publiées dans la forme prévue aux articles 26 et 27 du titre III ci-après et si l'employeur établit qu'elles ont été portées à la connaissance personnelle de l'employé.

Les modifications apportées aux conditions du contrat de travail par voie de règlement d'atelier ou de travail ne sont réputées acceptées par l'employé que sous les conditions indiquées au paragraphe précédent.

<h2 style="text-align:center">ART. 11.</h2>

Doit être considérée comme illicite toute clause du contrat de travail par laquelle l'une des parties a abusé du besoin, de la légèreté ou de l'inexpérience de l'autre pour lui imposer des conditions en désaccord flagrant, soit avec les conditions habituelles de la profession ou de la région, soit avec la valeur ou l'importance des services engagés.

<h1 style="text-align:center">TITRE II</h1>

<h3 style="text-align:center">Des conventions collectives relatives aux conditions du travail.</h3>

<h2 style="text-align:center">ART. 12.</h2>

Préalablement à la formation du contrat individuel de travail, des conventions collectives de travail peuvent être conclues entre un ou plusieurs employeurs et un syndicat ou groupement d'employés, ou entre les représentants des uns et des autres, spécialement mandatés à cet effet, soit dans la forme prévue par les statuts des syndicats, soit par tout autre procédé.

Ces conventions collectives déterminent certaines conditions auxquelles doivent satisfaire les contrats individuels qui seront conclus entre les personnes qui peuvent exiger l'application des clauses inscrites dans ces conventions.

Les employeurs peuvent s'engager à appliquer la convention pendant sa durée de validité, soit à des catégories déterminées de leur personnel, soit seulement aux employés ayant pris part à la négociation directement ou par mandataires.

Les employés peuvent s'engager à respecter la convention, soit chez les seuls employeurs signataires, ou dans tout contrat passé pendant la durée de la convention avec un employeur quelconque dans une région déterminée.

Art. 13.

La convention collective relative aux conditions du travail doit être écrite ; elle sera déposée, à peine de nullité, au secrétariat du Conseil des prud'hommes, ou, à défaut de Conseil de prud'hommes, au greffe de la justice de paix du lieu où elle a été passée.

Communication devra en être donnée gratuitement à tout requérant. Des copies certifiées pourront en être délivrées aux intéressés sur leur requête et à leurs frais.

Le dépôt aura lieu aux soins de la partie la plus diligente, à frais communs.

Un décret fixera les émoluments des greffiers, le mode de communication des contrats et le mode de recouvrement des frais et honoraires.

Art. 14.

La convention collective ne pourra être conclue pour une durée supérieure à cinq ans.

A défaut de stipulation déterminant la durée de la validité de la convention collectivé, cette convention sera considérée comme liant les parties pour une période d'un an.

La convention collective qui n'a pas été dénoncée dans les délais prévus par les parties, ou, à défaut de ces délais, avant son expiration, sera prorogée pour une nouvelle période égale à la précédente.

ART. 15.

Sont, à défaut de stipulation contraire expressément énoncée dans les statuts des syndicats ou dans la convention collective elle-même, considérés comme soumis aux obligations résultant de cette convention collective les employés et les employeurs qui sont, au moment où la convention est passée, membres du syndicat ou de la collectivité partie à la convention, ou qui postérieurement adhèrent au syndicat ou à la convention.

ART. 16.

Lorsqu'un contrat de travail intervient entre un employeur et un employé qui doivent, aux termes de l'article précédent, être considérés comme soumis l'un et l'autre aux obligations résultant de la convention collective les règles déterminées en cette convention s'imposent, nonobstant toute stipulation contraire, aux rapports nés du contrat de travail.

ART. 17.

Lorsqu'une seule des parties au contrat de travail doit être considérée comme liée par les clauses de la convention collective, ces clauses ne s'appliqueront aux rapports nés du contrat de travail qu'à défaut de stipulations contraires.

Mais, en ce cas, la partie liée par une convention collective, qui l'oblige même à l'égard de personnes qui n'ont pas été parties à cette convention (art. 12, §§ 3 et 4), et qui aurait accepté, à l'égard de ces personnes, des conditions contraires aux règles déterminées de cette convention, peut être civilement actionnée à raison de l'inexécution des obligations par elle assumées.

ART. 18.

Lorsqu'il n'existe qu'une seule convention collective relative aux conditions du travail pour la profession ou la région et que cette convention collective a été déposée au secrétariat du Conseil des prud'hommes ou au greffe de la justice de paix, conformément à l'article 13, les employeurs et les employés seront, jusqu'à preuve contraire, et pendant la durée de la convention collective, présumés avoir accepté, pour le règlement des rapports nés des contrats de travail intervenus entre eux, les règles posées dans la convention collective.

ART. 19.

Les obligations assumées par les syndicats qui interviennent dans une convention collective relative aux conditions du travail sont déterminées par la convention collective.

ART. 20.

Les syndicats qui sont intervenus comme partie à la convention collective relative aux conditions du travail peuvent exercer toutes les actions qui naissent de cette convention collective en leur faveur ou en faveur de leurs membres, avec leur consentement.

Ils peuvent spécialement agir pour obtenir l'exécution de la convention ou des dommages-intérêts au cas d'inexécution, soit contre les parties, individus ou syndicats, avec lesquels ils ont passé la convention collective, soit contre ceux de leurs membres qui n'auraient pas respecté les règles posées par la convention collective.

Lorsque la convention collective est intervenue entre un syndicat ou une collectivité d'employés et plusieurs employeurs, chacun de ces employeurs et chacun des membres de ce syndicat et de la collectivité ouvrière pourra également agir pour obtenir, à son profit, l'exécution ou des dommages-intérêts contre ceux qui, ayant contracté avec lui, ne respecteraient pas les obligations résultant pour eux de la convention collective.

ART. 21.

Les dispositions du présent titre peuvent être invoquées par tous ceux que peut lier un contrat de travail.

TITRE III

Des règlements d'atelier.

ART. 22.

Dans les entreprises industrielles et commerciales, même dans celles de l'Etat, des départements et des communes, où il existe des règlements d'atelier, ces règlements sont régis par les dispositions du présent titre.

ART. 23.

Le règlement d'atelier doit indiquer dans la mesure que comporte la nature de l'entreprise :

1° La manière dont le salaire est déterminé et notamment si l'employé est rétribué à l'heure, à la journée, à la tâche ou à l'entreprise ;

2° Lorsque l'employé est rétribué à la tâche ou à l'entreprise, le mode de mesurage et de contrôle ;

3° Les époques de payement des salaires ;

4° Si les employés ne séjournent dans les locaux de l'entreprise que pour y prendre des matières premières, ou y remettre le produit de leur travail, l'indication des jours et heures où les locaux leur sont accessibles.

ART. 24.

Là où l'entreprise le comporte, le règlement d'atelier doit encore indiquer :

1° Les droits et les devoirs du personnel de surveillance, le recours ouvert aux ouvriers en cas de plaintes ou difficultés relatives audit personnel ;

2° Les fournitures qui sont faites à l'employé à charge d'imputation sur le salaire ;

3° La durée du délai-congé ;

4° S'il existe des pénalités ou amendes, la nature des pénalités, le taux des amendes et l'emploi qui en est fait.

ART. 25.

Le règlement d'atelier pourra comporter en outre toutes prescriptions visant l'hygiène, la sécurité, la moralité et les convenances.

ART. 26.

Avant d'entrer en vigueur, tout règlement nouveau ou toute modification à un règlement ancien doit être porté à la connaissance des employés par voie d'affiche.

Pendant huit jours au moins à partir de l'affichage, le chef d'entreprise tient à la disposition de ses employés un registre ou cahier où ceux-ci peuvent, soit individuellement, soit par leurs délégués, consigner les observations qu'ils auraient à présenter.

Les dispositions ci-dessus ne font point obstacle aux lois qui prévoient, pour certains cas spéciaux, des délais plus étendus.

Pendant le même délai de huit jours au moins, les employés peuvent adresser individuellement et par écrit leurs observations au président du Conseil de prud'hommes, ou, à défaut, au juge de paix. Le président du Conseil de prud'hommes ou le juge de paix transmet ces observations au chef d'entreprise dans les trois jours de la réception, sans indiquer les noms des signataires.

Après une deuxième période de huit jours, le règlement nouveau ou le règlement modifié fait l'objet d'un deuxième affichage avec la mention « observations vues ». Il entre ensuite en vigueur à l'expiration d'un délai au moins égal au délai-congé en usage dans la profession et qui ne peut être inférieur à huit jours francs. Le chef d'entreprise a la faculté de prolonger ce délai ; lorsqu'il est fait usage de cette faculté, le projet affiché doit mentionner la date de l'entrée en vigueur.

Toutefois, si le nouveau règlement ou le règlement modifié comporte, par application de l'article 25 ci-dessus, des dispositions spéciales concernant l'hygiène, la sécurité, la moralité et les convenances, ces dispositions entrent en vigueur dès le jour de l'affichage et ne sont pas soumises aux formalités prévues par les articles 26 et 27.

ART. 27.

Tout règlement nouveau ou tout règlement modifié doit, à peine de nullité, porter l'attestation, dûment signée par le chef d'entreprise, de la consultation régulière des employés dans la forme prévue à l'article précédent.

ART. 28.

L'ancien règlement ou les usages antérieurs subsistent jusqu'à la mise en vigueur, dans les conditions prévues aux articles 26 et 27 ci-dessus, du nouveau règlement ou du règlement modifié.

ART. 29.

Les règlements faits conformément aux présentes dispositions lient les parties pour toute la durée de l'engagement, tant dans les dispositions obligatoires prévues ci-dessus que dans les dispositions facultatives qui y seraient jointes en vue d'établir les conditions du contrat de travail.

ART. 30.

Le règlement est et reste affiché dans les locaux de l'entreprise, à un endroit apparent.

Tout employé a le droit d'en prendre copie.

ART. 31.

Dispositions transitoires. — Les chefs d'entreprise auront un délai de six mois, à dater de la promulgation de la présente loi, pour modifier leurs règlements d'atelier conformément aux dispositions qui précèdent.

Les règlements actuellement en vigueur resteront en vigueur pour toutes les prescriptions qui ne sont pas contraires aux dispositions du présent titre.

TITRE IV

Effets du contrat de travail.

ART. 32.

Le contrat de travail produit les effets déterminés par les conventions des parties, dans la mesure où ces conventions ne sont contraires ni à l'ordre public et aux bonnes mœurs, ni aux lois, spécialement aux lois qui réglementent les conditions du travail et sa rémunération.

SECTION I. — *Obligations de l'employeur.*

§ 1er. — RÉMUNÉRATION DU TRAVAIL.

ART. 33.

Lorsque la rémunération du travail dépend de mesures, pesées, opérations, vérifications quelconques ayant pour but de déterminer la quantité et la qualité de l'ouvrage, les employés ont toujours le droit, malgré toute convention contraire, de contrôler ces opérations personnellement ou par délégués.

Les données prévues par les contrats qui pourraient être nécessaires au calcul des salaires fixés par contrat individuel ou convention collective sont soumises aux mêmes règles.

ART. 34.

Lorsque l'employe payé à la pièce, à la tâche ou à l'entreprise est maintenu à la disposition de l'employeur sur le lieu du travail, à son domicile ou ailleurs, et mis dans l'impossibilité de travailler par le fait de l'employeur, il a droit à une indemnité correspondant au préjudice qui lui a été causé. Toute convention contraire est nulle.

ART. 35.

Lorsque l'employé a droit à une part des bénéfices déterminés par le contrat, l'employeur est tenu, malgré toute convention contraire, de fournir à l'employé ou à un tiers agréé par les parties les données nécessaires pour contrôler le calcul de cette part.

ART. 36.

Les retenues faites à titre de cautionnement ou de garantie sur la rémunération de l'employé ne peuvent, malgré toute convention contraire, excéder un dixième (1/10) de chaque paye. Elles doivent être déposées, sous la responsabilité de l'employeur, entre les mains d'un tiers désigné par les parties ou, en cas de désaccord, par le juge de paix. Toutefois, il peut être stipulé que l'employeur les conservera tant que leur total n'aura pas atteint la rémunération d'un mois de travail.

ART. 37.

Les créances des employés pour la rémunération de leur travail sont privilégiées, pour une durée de six mois, au rang déterminé par l'article 2101, § 4, du Code civil. Ce privilège s'étend à l'année échue et à l'année courante s'il s'agit de gens de service.

Est abrogé, en ce qu'il a de contraire au présent article, l'article 549 du Code de commerce.

ART. 38.

Le payement fait par l'employeur, à l'employé mineur, de la rémunération qui lui est due est valable si le père ou le tuteur de l'employé n'y a pas mis préalablement opposition.

En cas d'opposition par lettre recommandée ou par voie extrajudiciaire, le juge de paix peut, soit d'office, soit sur simple réquisition d'un parent ou d'un ami, et après avoir entendu ou appelé le père ou le tuteur, autoriser le mineur à recevoir tout ou partie de la rémunération de son travail.

ART. 39.

Dans tous les cas où l'employé n'est pas occupé à titre

purement passager, il appartient aux tribunaux d'apprécier si, et dans quelle mesure, le salaire est dû, en cas d'interruption momentanée résultant d'un cas de force majeure. Pour cette appréciation, il est tenu compte du délai prévu pour donner congé, ainsi que de la durée des services déjà rendus.

§ 2. — Conditions du travail.

Art. 40.

A moins de convention ou d'usage contraire, l'employeur doit mettre à la disposition de l'employé les collaborateurs, instruments et matières nécessaires à l'accomplissement de son travail. Si l'employeur les fournit moyennant payement, il ne peut, malgré toute convention contraire, le faire à un prix supérieur à celui du marché.

L'employeur n'a, en aucun cas, le droit de retenir les objets ou instruments servant au travail qui appartiennent à l'employé. Il en est responsable sous les conditions du droit commun. Toute convention contraire est nulle.

Art. 41.

L'employeur est tenu de veiller à ce que les conditions d'exécution du travail ne portent atteinte ni à la santé, ni à la sécurité, ni à la moralité de l'employé. Il doit lui laisser le temps nécessaire pour l'accomplissement de ses devoirs civiques et de famille.

Lorsque l'employeur loge et nourrit l'employé, il doit le faire dans des conditions qui ne portent atteinte ni à sa moralité, ni à sa santé. Il doit, en outre, et malgré toute convention contraire, lui assurer à ses frais les premiers soins médicaux en cas de blessure ou de maladie survenue à son service, sans préjudice des obligations qui peuvent lui incomber en vertu des règles spéciales sur la responsabilité.

Ces obligations sont interprétées plus ou moins rigoureusement suivant les circonstances et notamment en considération de l'âge de l'employé et de la durée de ses services.

SECTION II. — *Obligations de l'employé.*

ART. 42.

Pendant l'exécution du contrat, l'employé est tenu :
1° D'accomplir sa tâche avec soin en se conformant aux ordres et instructions de l'employeur et de ses représentants ; 2° de respecter les convenances et les bonnes mœurs ; 3° d'éviter tout ce qui pourrait compromettre sa sécurité, celle de ses collaborateurs et celle des .tiers.

Il doit restituer en bon état à l'employeur les matières premières non utilisées ainsi que les instruments ou objets quelconques qui lui ont été confiés. Toutefois, il n'est tenu compte ni des détériorations et de l'usure dues à l'usage normal de ces objets, ni du cas fortuit et de la force majeure.

ART. 43.

L'employé ne peut se faire remplacer dans l'exécution de son travail que s'il y est autorisé par le contrat ou par l'usage. Dans ce cas, le remplaçant doit être expressément ou tacitement agréé par l'employeur. A moins de convention contraire, le remplaçant est entièrement substitué au remplacé dans le contrat ; il a une action directe contre l'employeur et l'employeur contre lui. Le remplacé est dégagé de toute responsabilité quant au choix ou aux fautes du remplaçant.

TITRE V.

Cessation et rupture du contrat de travail.

ART. 44.

Les obligations résultant du contrat de travail prennent fin, soit dans les conditions prévues par les parties, telles que l'expiration de la durée convenue, l'achèvement de l'ouvrage, soit par la force majeure, soit par la volonté des contractants dans les conditions ci-après.

ART. 45.

Le contrat de travail à durée indéterminée peut toujours cesser par la volonté de l'une des parties contractantes.

ART. 46.

Toutefois, sauf dans les cas prévus ci-après, la partie qui prend l'initiative de la résolution doit prévenir l'autre partie, soit une semaine au moins à l'avance, s'il s'agit d'un ouvrier ou d'un serviteur, soit un mois au moins, s'il s'agit d'un employé proprement dit ou d'un ouvrier assimilé à un employé.

ART. 47.

Les délais prévus à l'article précédent pourront être, à la requête des intéressés, réduits ou augmentés, pour une profession ou une spécialité déterminées, dans une localité ou une région déterminées, s'il est établi par une enquête que les délais ainsi réduits ou augmentés sont conformes aux usages locaux, ou répondent aux vues des patrons et des ouvriers.

La requête des intéressés sera adressée au juge de paix. L'enquête sera faite par un comité constitué et fonctionnant conformément à la procédure établie par les articles 2, 3, 4, 5 et 6 de la loi du 27 décembre 1892.

ART. 48.

Pendant la période de délai-congé, l'ouvrier disposera de deux heures au moins par jour pour chercher du travail.

ART. 49.

Le renouvellement continu du contrat de travail à durée déterminée soumet les parties à l'obligation du délai-congé dans les limites des dispositions de la présente loi.

ART. 50.

L'obligation du délai-congé n'est pas applicable au cas où le louage de services serait résilié avant l'expiration d'une période égale à une quinzaine, s'il s'agit d'un ouvrier ou d'un serviteur, à un mois s'il s'agit d'un employé proprement dit. Elle ne s'applique pas, en outre, lorsque la résiliation résulte d'un cas de force majeure ou d'une faute grave.

ART. 51.

Les modifications apportées au contrat individuel de travail pendant son exécution par un règlement d'atelier qui n'aurait pas été accepté expressément par les employés, ou appliqué sans protestation de leur part pendant une durée égale à celle du délai-congé, sont pour les employés une cause légitime de rupture.

ART. 52.

La partie qui n'a pas observé le délai visé par les dispositions précédentes est, tenue envers l'autre partie à des dommages-intérêts égaux au délai qui devait être observé.

ART. 53.

Ces dommages ne se confondent pas avec ceux auxquels peut donner lieu, en outre, la résolution abusive du contrat par la volonté d'une des parties contractantes ; le tribunal, pour apprécier s'il y a abus, pourra faire une enquête sur les circonstances de la rupture. Il devra, en tout cas, demander à la partie qui a rompu le contrat les motifs de la rupture.

ART. 54.

Pour la fixation de l'indemnité allouée, dans ce dernier cas, il est tenu compte des usages, de la nature des services engagés, du temps écoulé, des retenues opérées et des versements effectués en vue d'une pension de retraite, et, en général, de toutes les circonstances qui peuvent justifier l'existence et déterminer l'étendue du préjudice causé.

Les parties ne peuvent renoncer à l'avance au droit éventuel de demander des dommages-intérêts, en vertu des dispositions du présent article.

ART. 55.

Les constatations auxquelles pourra donner lieu l'application des paragraphes précédents, lorsqu'elles seront portées devant les tribunaux civils et devant les cours d'appel, seront instruites comme affaires sommaires et jugées d'urgence.

ART. 56.

La grève est, sauf manifestation contraire de la volonté de l'une ou de l'autre partie, une suspension du contrat de travail.

Le refus par l'une des parties de recourir à la procédure de conciliation ou à l'arbitrage dans les formes instituées par les lois spéciales sera considéré comme une rupture du contrat, du fait de cette partie.

Dans les services publics et dans les établissements industriels de l'Etat dont le fonctionnement ne saurait être interrompu sans compromettre les intérêts de la défense nationale, la grève, ou cessation concertée du travail, est *ipso facto* une rupture du contrat de travail.

Fait à Paris, le 2 juillet 1906.

Signé : A. FALLIÈRES.

Par le Président de la République :

Le Président du Conseil, Garde des Sceaux,
Ministre de la Justice,

Signé : F. SARRIEN.

Le Ministre du Commerce, de l'Industrie
et du Travail,

Signé : GASTON DOUMERGU .

TABLE DES MATIÈRES